1日を2倍に使う！
すごい時間術

いつも「ゆとり」のない
あなたの仕事を効率化する方法

松本幸夫

同文舘出版

はじめに

私は、年に100回くらいタイムマネジメント・仕事術をテーマに研修・講演をしています。

また、ここ6、7年は同じテーマで本も10数冊出してベストセラーになったものもあります。

「時短」「ノー残業」などが時流の中で、「ニーズが多いテーマ」なのだということはよくわかります。

しかし、私は今反省しています。何のことだかわかりますか？

それは、あまりにも効率化一辺倒で説きすぎたために「効率化そのもの」が目的になってしまった感があることです。そして、それは研修の受講者や読者にも伝染していきます。

「仕事を効率化すればいい」「残業時間を減らせばいい」――そういう考え方です。

しかし、「効率化が目的」「タイムマネジメントが目的」というのはおかしいのです。それはあくまでも手段にしかすぎません。その先にあるものが本当の目的です。

つまり、なぜ効率化するのか？　何のためのタイムマネジメントなのか、を考えなければならないのです。

あなたはこの問いに、はっきり答えられるでしょうか？

本書では、その点について突っ込んでご説明しています。「効率化に先立つもの」「タイムマネジメントの究極の目的は何か？」が、本書の中ではっきりしていくでしょう。

その上で、

- **優先順位のつけ方がよくわからない**
- **スケジュールはどう立てるべきか**
- **スキマ時間を有効に使いたい**
- **時間ドロボウをなくしたい**

など、「効率化」するための具体的なテクニックがすべて本書でパッとわかりますよ。

私は著作120冊を越す多作の作家の1人ですが、常に「中身の進化」を心がけています。同じテーマ、似たテーマであっても、「最新版」を読者にお届けしたいと念じています。

特に、年100回は行なっている「タイムマネジメント研修」の受講者の方にはとても感謝しています。というのは、その方々からの生の声もヒントに、本書には最新の考え方、理論が盛り込まれているからです。

つまり、本書は時間術・仕事術の中での私の「最新エッセンス」に満ちた本になっています。

また、本を書く筆致も、余裕をもって肩の力を抜いて書いていますから、とても読みやすいものとなったと自負しています。

タイム・イズ・ライフ――いい人生があなたに訪れることを信じて。

2008年12月

著者記す

「1日を2倍に使う！　すごい時間術」　もくじ

はじめに

1章　目標があれば時間は上手に使える

1　ムダな効率化、役立つ効率化　012
2　なぜ仕事を効率化するのか　018
3　人生目標実現のために　023
4　こんな領域を考える　026
5　あと3日で何をする？　037
6　制約がなければどうか？　041

2章

時間ドロボウをなくしたら確実に1日は2倍になる

1 時間のかけすぎはすべてドロボウになる 046
2 自己完結型と他者介在型 050
3 最低3つの退治策を考えよう 055
4 一番のタイムマネジメントは時間を省くこと 057
5 充電時間はムダにあらず 061
6 奪われリストをつくろう 065
7 時間を決めると道は開ける 069
8 大きなドロボウを退治しよう 072
9 最大の時間ドロボウは明日病 077

3章 スキマ時間を活用して勝つ

1 スキマ時間にある誤解 080
2 スキマ時間専用の仕事をせよ 084
3 そもそもスキマ時間って…… 088
4 裏ワザは、スキマ時間をつくり出すこと 094
5 スケジュール化したスキマ時間の使い方 100
6 スキマ時間活用のリハーサルをする 104
7 「もったいない意識」をもつ 111

4章 優先順位はこうつけよ

1 緊急仕事は優先されがち 114
2 大切なのは重要度 118
3 優先順位をつけてはいけない仕事 121
4 見切りから切り捨てへ 126
5 見切れない仕事 129
6 切り捨て5大ルール 131
7 1週間単位の優先順位づけ 140

5章 スケジュール必勝の立て方

1 スケジュール作成5大ルール 144
2 プライムタイムを自分でつくれ 147
3 代替スケジュールを用意せよ 152
4 上司・メンバー・イベントも含めよ 156
5 考える時間を設けよ 159
6 何といってもゆとりを 163
7 ついで仕事を入れよ 166
8 自分アポのすすめ 169

6章 1日が2倍になる時間意識の高め方

1 時間意識がないと成果は出ない 174
2 他人の時間ドロボウにはなるな 178
3 3分の重さを知れ 182
4 人生を全体展望せよ 186
5 時間意識を高める3つの方法 191
6 ROIと常に唱えよ 195
7 手帳を日に10回以上眺めよ 198

7章 タイム・イズ・ライフ、すべては時間活用に通じる

1 タイムマネジメントは先読み力がものをいう 204
2 一日一生、集中力を高めよ 208
3 楽しんですごしているか? 212
4 志のある人生を 215

おわりに タイム・イズ・ライフ――人生の質を高めよ

カバーデザイン 井上新八
本文デザイン ジェイアイ

1章

目標があれば時間は上手に使える

SECTION 1

ムダな効率化、役立つ効率化

ここ5、6年〝効率化〟〝仕事の進め方〟〝段取り術〟といった、広義のタイムマネジメントをテーマに研修、講演を行なっていますが、その数は年々増えています。

つまり、求めている人は多くいて、ニーズは高いといえましょう。

何を求めているのか、つきつめれば「早く仕事をしたい」つまり、仕事の作業スピードを上げたいということです。

今まで3時間かかっていた仕事が、わずか30分ですんだなら、これは無条件で「いいこと」と思うわけです。

自分で「短時間で仕事をする」というテーマで本を書いたり、研修していますので、まあ、「あまり大きな声ではいえない」としておきますが、はたして仕事のスピードが上がるのは本当に「いいこと」なのでしょうか？

仮に、今までよりも仕事が効率化されて、いつもと同じ量の仕事が〝早く〟終わったとします。わかりやすく「2時間」の空きができたと思ってください。

さて、あなたはどうしますか？「何を」するでしょうか。

タイムマネジメントのテーマだけでも、年間2000人以上の方を指導してきて、その方々の「生の声」を聴いていますから、私はビジネスパーソンの実態をよく知っています。その上で断言します。

それは、**時間が空いたとしたら、そこに新たに仕事を入れる**のです。

つまり、効率化して、せっかくその「仕事をしなくてもすむ」という状態になったところへ、再び別の新たな仕事を入れてしまうわけです。

どうなりますか？

そう、いつまでたっても「忙しい」のです。仕事にずっと追われ続けますよ。

せっかく効率化したとしても、そこに新たな仕事を入れていって、結果としては「何の効率化かわからない」状態を、私は**ムダな効率化**と名づけました。

効率化しても、何の意味もなく、かえって何もしないより忙しくなってしまうというわけです。

ところで、あなたに質問します。あなたは忙しいですか？（まあ、もともと忙しくない人は本書を手にすることはないでしょうが）

ではもうひとつ質問します。

仕事の量は多いですか？　つまり、あなたのやっている仕事は、「ここまでやったらなくなる」ということがありますか？

おそらく、あなたは忙しくて、仕事の分量は「ここまででおしまい」というものではないでしょう。

ということは、私のいう〝ムダな効率化〟をしていったところで、永遠に忙しい、ということになりませんか。

私はついつい、故事を思い出してしまいます。

土深く穴を掘り下げていって、再びそこを埋めていくという作業を罰として永遠にしなくてはいけない……。

ムダな効率化について考えると、なぜかこの故事を思ってしまうのです。

永遠に仕事の忙しさから逃れられない……。


しかし安心してください。

こちらがムダな効率化とすれば、もう一方に**役立つ効率化**というものがあるのです。

このやり方が、本書のテーマにもなっていることです。

つまり、仕事をサッと終えてしまう作業スピードを上げること。そしてスピードのみならず上手な「段取り力」を身につけること。わかりやすくいうと「仕事の手順」であり、「組み合わせ」です。

段取り力がなければ、ただスピードを上げて仕事をしたところで、「あっ、やり直し」などとなって、かえって時間がかかってしまうものです。

ただ、これだけでは、時間が空いたところに新たに仕事を入れこむという〝魔のサイクル〟に陥りかねません。

忙しい
←効率化する
←新たに仕事を入れる
←忙しい
←効率化

という無限地獄のサイクルです。

そうではなくて、本当に役立つ効率化とは、〝**何のために仕事を効率化するのか**〟がよくわかっていること、から始まります。

はっきりいいますと、この問いに自信をもって、答えきれる人はそう多くないのです。

「周囲が効率化といっているから」

「早く仕事すればいいに決まっている」

「何となく……」

というレベルの人が大半でしょう。

年に数千人いる私の研修受講者は、タイムマネジメントのテーマで自ら集まった人ばかりで、時間に対しても仕事にも、意識の高い人ばかりです。

しかし、まともに「何のために効率化していくのですか?」という問いに、自信をもって答えられた人は、本当に100人に1人いるかいないかくらいです。

あなたはどうでしょうか?

でも、今はっきり答えられなくても全然大丈夫ですよ。安心してください。

そんなあなたのために本書を書いたのですから。そして一冊読み終わりますと、あなたは自信をもって答えられます。

あなたの効率化の「目的」を。

では、役立つ効率化について、まず考えてみましょうか。

SECTION 2

なぜ仕事を効率化するのか

さて、再びあなたに問いたいのです。

「仕事を効率化したとして、その先どうしたいのでしょうか？」と。

つまり、「空いた時間、新たに使えるようになった時間で何をするのでしょうか？」と。

私は睡眠に関して、「短眠」を研究しています。1日24時間の中で、本当に「自分のために使える時間」を捻出しようとすると、「睡眠を減らす」というところへ行き着きます。

10年以上前、タイムマネジメントの研修で、「1日どのくらい眠りますか？」との問いに、半分近くの方は「8時間」と答えていました。

しかし、ここ数年、そんな人は1人もいないのです。長くても、7時間台が普通。平均すると6時間台後半で、ここ何年か3時間台という人が、チラホラと見受けられるようになりました。

さあ、私の言いたいのは短眠の話ではなくて、「睡眠を減らして、その空いた時間に何をするのか、したいのか」ということです。これは基本的には、効率化への問いかけと同じものです。

なぜ短眠にするのか？　という問いです。

万一、何も目的がなかったとすると、早朝パッと目が覚めても、「やっぱり、何もすることがないから眠り直そうか」となりかねないでしょう（半分ジョークですが……）。

厳しい言い方をすると、無目的に仕事の効率化をしたり短眠をしても、時間と労力のムダということです。

それなら、ダラダラといい加減に仕事をしたり、惰眠をむさぼっていたほうが〝マシ〟かもしれません。余計なことに頭を使うことも気を使うこともないのですから……。

私は、仕事の効率化をしていく上で、しっかりした目的があります。

それは、人生を楽しむということです。

たまたま誕生日が同じなので、何となく親近感のあるビル・ゲイツの小話があります。皆さんも聞いたことがあるかもしれません。

世界一稼いでいた彼は、現役バリバリの頃には、１００ドル札が落ちていても、決して拾わなかったのです。

なぜなら彼の時間当たりの稼ぎ高は、１００ドル札を拾うごく数秒でも、１００ドルよりもっとずっと高かったからです。

つまり、拾うよりも集中して仕事をしていたほうが「稼げる」わけです。

今は極端な円高ですけれども、仮に１万円札を拾うわずか数秒の時間よりも、〝時間給〟の高い人はそう多くないでしょう。

たとえば１ヶ月20日間・１日８時間労働で１００万円稼ぐ人の１秒当たりの稼ぎは

１００万円÷20÷８÷３６００＝１・７３６１円

となるので、２、３秒かけて１万円拾ったほうがはるかにいいでしょう。時間（秒）給なら、月収１００万の人でも５円玉ひとつにもならないのですから。

この辺は、やたらにタイム・イズ・マネーを強調して、効率化だけを叫ぶ人にいいたい皮肉でもあります。

そこで私はタイム・イズ・マネーでなくタイム・イズ・ライフ、と説いています。

タイム・イズ・ライフというのは、ひとつは私たちの人生は「時間そのもの」であって、後述するように「貯めておけない（コマ切れ時間は貯められない）」「一度に使えない」等、「タイム」と「マネー」を本当にイコールと思ってしまうと、誤解を招くようなこともあるからです。

もうひとつ。タイムマネジメントの究極の目的は、**人生を楽しむ**ことにあるという意味のシンボルとして「ライフ」というのです。

私の場合は、時間を効率化して使っていって、最終的には**愛する人と共に充実した時をすごす**のが大きな目的です。

好きなワインを飲んで、おいしい料理を食べて

行きたい国へ行って、多くの人と出会って

ライフワークに十分に時間をかける

というのが、「なぜ松本さんは仕事を効率化するのか？」に対しての答えです。

どうですか、たいしたことはないでしょう。

でも、ただ生産性を上げる、残業をしないというのが「目的」となっていない点には注意してほしいのです。

いうまでもなく人生は有限ですので、無目的な仕事の効率化ではなく、目的をもって仕事を効率化していくことです。

あなたの人生に役立つ、仕事の効率化を考えることです。

SECTION 3

人生目標実現のために

先の私の〝目的〟をご覧になって「なんだこの人、ワインを飲むために効率化か」と思った人もいるかもしれません。

ただ、私の場合は目標をすでに達成して、スリム化してしまっただけなので、以前はもっと挑戦的なものも多くありました。

思いつくものをあげますと、

毎月300冊の本を精読する
100冊の本を手書きして出版する
全国の都道府県すべてで講演会をする
100人の経営者に成功の秘訣をインタビューする

ハングル能力検定○級に受かる
韓国ドラマを３００作品観る
月に１０００人の人と名刺交換する
70キロ台後半から50キロ台へダイエットする

前半の４つは過去のもの、後半はつい2、３年前のもので、実現したので、他の目標へと進化させていきました。

私の個人的な傾向で、能力開発系や人との出会い系の目標は多くあります。

それでもたいしたことないですね。


私は年に２００回くらい、研修や講演を行なっています。ここ数年で半分に減らして、著述に専念していく予定は「今」あります。

それでも、週に2、３日の出張、年に１００日以上も東京にいないという生活の中で、自分の人生目標ということを考えますと、「仕事を効率化せざるを得ない」ことになります。

速読や速記はいうまでもなく、短眠から、ファイリング、メール処理……。すべてを駆使して行き着いたのが、「何のために効率化しているのか」という疑問でした。

仕事を大量にこなして、収入が増したらそれでいいのか？ と思うようになったのです。決して、それだけの人生ではないでしょう。

哲学が好きで、もの好きにインドで瞑想までしてきた元青年だった中年は考えたのです。

人生目標を叶えるための効率化

であってこそ、やる気も湧いてきますし、同じ時間でも充実してくるのだと。

SECTION 4

こんな領域を考える

効率化の先にあるのは、「いい人生をすごすこと」ではないでしょうか。

というよりも、「いい人生」のために、仕事の効率化をするわけです。

決してこれが逆になってしまっては、いけません。

なので、ムダな効率化から役立つ効率化、それは「いい人生を創るのに役立つ」ということです。

実は、私のタイムマネジメント研修の中では、このあたりの順番を考えてもらっています。

つまり、いきなり仕事の優先順位づけとか段取りではなくて、常に「人生目標」について考え抜いてもらうのです。

また、もっと前に「時間に対しての意識」をいつもより鋭くもつこと、も学んでもらいます。

このあたりは後述しますが、ダラダラと残業してしまったり、長話・ムダ話や、仕事の段取りの悪さという「時間ドロボウ」は、時間意識のなさからくること、というのは覚えておいてください。

スキマ時間の活用の仕方や、優先順位づけのテクニック、スケジュールの立て方といったタイムマネジメントのスキルも、このあたりの土台ができてからやるべきものです。

そうでないと、ムダな時間活用、効率化になるのは必至です。

「よい人生」にするための、人生の領域を考えてみます。

①仕事
②マネー
③家庭

④趣味・自己啓発
⑤健康
⑥人脈（心脈）
⑦その他

の7領域です。詳しくは他の章で述べます。ここでは、簡単に説明を加えておきます。あくまでも「人生目標」が仕事の効率化に先立つもの、建物なら「土台」にあたるということは忘れないでください。

また、これらはひとつが大きく欠けてしまいますと、充実した人生にするには相当の努力がいるものと思ってください。

たとえば、仕事はうまくいってお金もある、でも家庭は崩れるとか、健康を害するとうまくないでしょう。

あるいは、他はすべてうまくいっても、趣味もないし、自分を磨き高めることを工夫しませんと、「あの人は底が浅い」とか「人間的な魅力なし」といわれかねません。

つまりは、各領域のバランスが重要なのです。

①仕事の領域

仕事上の「ノルマ」というのは、目標となります。が「人生目標」というのは、あなた自身が仕事で「成功させたいこと」であり、達成したいごく「個人的」なものです。

後述するように、目標にはいくつかの条件がありまして、〝具体的〟であることが欠かせません。つまり、**数字の入った、期限入り**でないと目標にはなりにくいのです。

つまり「仕事のプロになる」というのは、表現としては

「5年以内に、東京地区のマネージャーになる」

「2年以内に、社内の認定試験1級に受かる」

というように変えなくてはいけません。

短期、長期を問わず、仕事上の目標実現のために、あなたは「今日」、仕事を効率化するのです。

②マネーの領域

マネーも効率化と似ていて、やはり目的がないのはあまり意味がないかもしれません。というのは、あなたの欲しいのは「紙幣」という紙ではないからです（稀に、切手やコインと同じで収集癖のある人がいるのかもしれませんが）。

そのお金で買える物、サービス、そちらが究極の「欲しいもの」になるわけです。

深く考えずとも、先と同じで、〝金額〟〝期限〟が目標には不可欠ということです。

いくら貯めたいのか？　いつまでに欲しいのか？

これは、どのような投資をして、どのように稼ぐのかに先立つものになります。

そして、目標となるマネーを手にするために、今日の仕事の効率化を実行していくことになるのです。

③家庭の領域

「仕事と家庭（私）とどっちが大事なの？」などという古典的な質問がありますね。

これはやはり「両方」が大事です。というのは、人生目標で考えてみると、各領域はバランスが大切であって、優劣はないからです。

しいていえば、健康は大切ですけれども、ここでいうのは「体力づくり」とか、「体重、健診の数値」というような「行動していくのに不足のない」「活力のある状態」くらいのとらえ方の健康ということなので、〝どちらが大切?〟という比較の対象にはならないレベルの意味合いです。

また、これらの領域はあくまで〝バランス〟なので、すべてがほどよくバランスがとれて「正解」なのです。

この領域を最優先の「目標」としてあげる人が、研修の受講者には増えてきています。

以前は、金持ちになる、起業する、別荘をもつ、クルーザーを所有する、というような即物的な目標をあげる人が6、7割はいたのです。

が、ここ4、5年は「家庭」をあげる方が6、7割で、仕事上やマネーの目標は減少しています。

これはただ保守的になったというわけではなくて、挑戦する、やりがい、生きがいに対しての価値観の変化があると思われます。

④趣味・自己啓発の領域

この領域も、充実した「よい人生」にするために不可欠なところです。

〝自分の土俵〟ということからすると、趣味はまさにあなたの「土俵」という得意分野です。ここが充実していると、少なくともその領域に対しては〝自信〟もありますし、〝興味〟をもつことや〝時間〟をかけることを惜しまないので、結果としてタイム・イズ・ライフ、人生が充実するものです。

自己啓発も同じで、自分を常に進化向上させて、磨き高めていくことも忘れてはなりません。

研修の中で、自己啓発の分野を優先する人に目標を発表してもらいます。

「夏目漱石全集を3年以内に読破する」

「ベストセラー・ビジネス本以外の教養本を月に3冊読む」

などと聞きますと、「がんばらなくちゃ」と、自分が励まされることもよくあるのです。

これは読書に限りません。資格を取ろうとする人や、セミナーを受けて〝勉強する〟という目標を見聞きしますと、やはりこの領域は大切だなと痛感します。

⑤健康の領域

「松本さん、やはり人生は健康一番ですね」と、先輩のコンサルタントがおっしゃいました。病気とは無縁のその先輩は、急病で倒れて、3時間に及ぶ手術後の見舞い先の病室で、そう言うのでした。

その先生は、もちろん健康をおろそかにしていたわけではないのでしょうが、病気ひとつしないためにムリを重ねていたのでした。

当日も朝は元気だったので仕事に行こうとした直前に具合が悪くなり、そのまま向かおうとしたら奥さんが「病院に行ったほうがいい」というのでその助言に従って九死に一生を得たのです。というのは、その病気は、緊急に対処しないと〝手遅れ〟になったかもしれないものだったからです。

仕事に全力投球できて、人生も楽しめるだけの健康づくりについて、日々考えて実践しておかねばなりません。

私は最近、15キロのダイエットに成功しました。ウォーキングをしてフットワークが軽くなったことで、「目標設定して実現させる」ことの大切さを改めて確認しています。

40歳の時に立てた、「フルコンタクトの空手大会で入賞する」なんていう目標を再び実現させようかな、などとバカなことも考えたりしています。まあこれは、高校生のハイキックを見切れなくなっていて、断念したのですが……。25年前の黒帯ですから、「ペーパー黒帯か！」と一人でつっこみを入れています。

⑥人脈（心脈）の領域

この領域は、私自身が人との出会い、を特に「大切」と感じ始める前には、あまり考えていなかったものです。「心脈」というのは、心の通い合う親友であり、心の友というくらいの意味で造ったものです。

本当の親切というのは「深切」であって、相手のためになることなら、ズバッと改善点、よくない面も「切る」ように言ってくれる人のことだと思います。

そんなところからも「親脈、深脈」であって、〝心脈〟というわけです。

私が20代の頃は、異業種交流会や人脈の会が騒がれ始めた時期でした。

が、残念ながらその質よりも量が強調されていた傾向がありました。

わかりやすくいいますと、「交換する名刺の数を競う」ような雰囲気です。

もちろん、限りある人生の中で、60億の人々すべてに会うことはできませんが、あいさつだけ、名刺だけのつながりが悪いとはいいません。

その意味ではやはりのmixiも、「数増やし」が一概に悪いとはいえないでしょう。

「こんな人とマイミクになれている」だけでも価値がない、とはいえません。


ただし、「よい人生」を考える時の心脈というのは質を問わなくてはなりません。

先の入院した先輩は、「松本さん、病室でつらい時にね、お見舞いに来てくれる人を見ると本当の姿がわかるね」というのです。

表面的には、調子がよくて〝味方〟と思っていても、いざという時には連絡もないとか、逆に冷たそうで自分とはあまり縁がないかなという人が、まっ先に見舞いに駆けつけてくれるというような意外な一面というか〝本当の姿〟が見えるというのです。

いうまでもなく、心脈というのはいざという時に心から頼れるような人のことです。

私は残念ながら、2ケタいません。「あの人、そうだあの人」と数えても、家族は別にしてほんの数人です。

ただ、私自身もその人たちのためなら、何でもできるだけの想いはあります。

そんな心脈が、あなたには何人いるでしょうか？

⑦その他の領域

私の娘は今、ボランティア系の学校に行っていますが、ボランティア活動は、今までの領域に直接には属さないかもしれません。

あるいは、ライフワークの中で、どの領域に入るか迷うなどという目標がありましたら、「その他」として考えてみましょう。

人生の「調味料」といえるようなことは、この領域に入れてよいのです。

SECTION 5

あと3日で何をする？

タイムマネジメントの業界で著名な、アラン・ラーキンというコンサルタントがいました。

ラーキンは、優先順位づけのテクニックを説いて、ビル・クリントンが自著の中で、法律学校を終えた時に読んだ人生を変えた本の1冊にあげているくらいです。

そのラーキンの著書に、「数ヶ月後にカミナリにうたれたとしたら」と考えて、時間意識を高めることが説かれています。

私は勝手に、「数ヶ月先」では危機意識が出ない、ドッグイヤーという今の時代には「2週間」くらいがちょうどいいと考えて、

「2週間後にカミナリにうたれるとしたら、今何をしておくべきか、何が欲しいか、どこに行きたいのか、誰と会いたいか」

という設問をつくり、研修の受講者に考えさせています。

私の読者の方はご存知の方が多いのですが、私は「多作」のビジネス書の作家なので、テーマが似た本には自分で「ルール」をつくっています。

それは、同じテーマでも「最新のアイディア」を入れて、常にマイナーチェンジをくり返していること、です。

中にはマイナーでなくて、大きなチェンジということもあります。

たとえば、3章で詳しく述べますが、「プライムタイムの午前中2時間で仕事を集中して終わらせよ」などというのは、最新版になりました。

プライムタイムに月例会議が入っているとか、どうしてもアポがそこにしかとれない、という方々の声を入れて、

「午後にくるであろうサブのプライムタイムを用いて、80%のできにしよう」

というものに変わりました。

しかしそれでも、必ずしもサブのプライムタイムが使えないこともあります。

現実に、私も夜の講演会などが多くなりましたので、時間にかかわらず、「いつ、いか

なる場合にも瞬間的にピークパフォーマンスにできるようにする」というのに変わりました。

なので、今はプライムタイムといっても以前ほどに「こだわり」をもって強調することはなくなりました。ここまでいくとマイナーチェンジ、とはいえないでしょう。

というわけで、アラン・ラーキンの「カミナリ療法」も、今は変えています。

オリジナルが「数ケ月先」だったのを「2週間後」に変えてセミナーでも受講者に聞きこんで、考えてもらっていました。

しかし本書では「今」私がやっていることを「最新バージョン」として、お伝えします。それは、

「3日後にカミナリにうたれて命を失くすとしたら、その間あなたは何をしますか？誰に会い、何が欲しい？　どこに行っておきたい？」

というものです。

本来は「価値観」をはっきりさせて、先の人生目標を鮮明にするという目的で、私は「2週間先」に変えました。

しかし、受講者から、その2週間を「プランニング」してしまって、そちらにウエイトが大きくなるのでは、という問いかけがあったのです。なるほど、これも一理あります。

私は、本来「人生で大切なもの、こと、人」に気づいてもらうために2週間に決めたのですが、これは考える必要があるな、と思ったのです。

なので今は

「3日後にカミナリにうたれてしまうとしたら」

としています。

これならあまりプランニングにウエイトが置かれずに、なおかつかなり切羽つまった状況となりますので、今現在はこのやり方をセミナーにとり入れるようにしています。

本に「3日後」と書くのは初めてのことです。

こんな「最新の知恵」が本書には盛り込まれていますので、お楽しみに。

さて、あなたはもしも「3日後」にカミナリにうたれるとしたらどうしますか?

ここであなたの価値観を鮮明にしておくことで、人生目標はグーンと立てやすくなるのです。

SECTION 6 制約がなければどうか？

人生目標といわれても、いきなり考えつかない人も多いものです。「そんなこと、考えてみたこともない」というわけです。

ただ、人生の節目ではどんな人も考えるものですから、それを「時間活用」「効率化」を考える時にも、意識してもらうわけです。

卒業、入学、就職、結婚、出産。

あるいは大病、親しい方々の死、などによっても、私たちは「人生」に目を向けるでしょう。

本書を読んだことも、「人生」について考えるひとつのきっかけとしていただきたいのです。

現実には、

「そうはいっても、会社があるからなあ」

「まだ資金が貯まっていないから」

といった、時間やお金の制約がすぐに思い浮かんでしまって、なかなか人生目標を考えられない人がいます。

仮に10年以内に世界中の世界遺産を回るという目標を持ったとしても、「でもお金が」「時間がない」となってしまって、結果として、何もしないということになるわけです。

この世界遺産を他に置き換えて考えてみてください。

それなら、「お金がいくらでも使えて」「時間もいくらでもある」としたならどうでしょうか?

私はわかりやすく、「3億円の現金があって、3週間の休暇がとれたら?」というテーマで、思いついたことをセミナー受講者に書き出してもらっています。

中には、「3億円じゃ足りない」とか「3週間じゃムリ」というように、それを制約にしてしまう人もいますので、ここは再びマイナーチェンジのしどころかもしれませんが……。

このように、「カミナリ療法」と「制約を取り除く」ことをしてから人生目標を立ててもらうと、比較的容易に目標を立てられるのです。

すると、「家族と楽しく」とか、「友人と旅行」「両親に孝行」「学生時代のサークル仲間と定期的に会う」といった、「人」を重視した目標を優先するグループの人が出てきます。

また、あまり「人」のことは考えずに、「世界一周する」「資産を500億円にする」「自家用ジェット所有」「一部上場企業を立ち上げ」といった、「物」「お金」「財産」などを目標にするグループに分かれます。

これこそその人の「価値観」というわけです。

「人」重視であれば、なんとか仕事を効率化して「人と会う」「共に楽しむ」という時間を創り出す。これが「効率化を何のためにするのか」の解答になります。

「物」重視の人なら、効率化していくことによって、そのための勉強をしたり、サイドビジネスに励んだり、目標実現のための「時間創り」ができるのです。

つまり、始めの問いの「何のために仕事を効率化させるのか?」の答えになります。役立つ効率化というのはあなたの**人生目標実現**に役立つ効率化なのです。よって、まずははっきりとした人生目標があってこそ、あなたの効率化は、グーンと弾みがつくことを知りましょう。

具体的に資格をとりたい人は、仕事をうまくやりくりして、勉強の時間を創り出すでしょう。

彼氏、彼女とのデートがあれば、やはりその日は残業しないように「仕事のやりくり」をするはずです。

人生目標にも同様の、もっと永続的な効果があるのです。

人生目標は、仕事の効率化に先立つこと――これさえわかれば、あなたの仕事の効率化は、〝役立つ効率化〟になりますよ。

2章

時間ドロボウをなくしたら確実に1日は2倍になる

SECTION 1

時間のかけすぎはすべてドロボウになる

ビジネスにおいては、**どんなことでも**、時間をかけすぎてしまうことを、時間ドロボウといいます（もちろん、芸術作品や、時間をかけなくてはできない仕事は別ですよ）。

時間ドロボウというと、何か特別なことのように思うかもしれません。

しかし、何も「特別」なことはないのです。

たとえば、メールも、会議も、得意先へのご機嫌うかがいの電話でも……。

あるいは、企画書のタイトルを考えるとか、パワーポイントのスライド作成……。すべてです。

メール処理に何時間もかかる……。

始まりなく、終わらない長い会議……。

しゃべりこんでしまう長電話……。

企画書のタイトルづけに何日もかけたり、映すのはほんの数秒のスライド作成に何時間もかける……。

つまりは、必要なことであっても、「限度」を越してしまえばすべて時間ドロボウになるというわけです。


ここで、いい機会です。あなたが「時間をかけすぎているかもしれない」という、小仕事、小作業も含めて、1日の中でしていることを考えてみましょう。

もちろんこれは、ネットでの情報収集や、気分転換のためのテレビゲーム、食後の一服や、テレビ、DVD、音楽鑑賞などのプライベートも含めて考えてみてください。

おそらく、「思いのほか時間ドロボウを自分でつくり出している」ということに気づくでしょう。


最近セミナーをしていて多いのは、次のような時間ドロボウです。

①ネットサーフィン

時間を決めずにインターネットをしていると、始めは情報収集だったはずが、いつの間にか関係のないサイトにのめりこんでいたり、ひどい場合にはオークションをしていたりするようです。

目的をはっきりさせて、時間を決めることが欠かせないのです。

②食後のダラダラテレビ、ダラダラゲーム

これは、新入社員研修で聞くと、大半の人がしています。

限度のないゲームは、なんら生産的でなく、時間ドロボウになります。

もちろん、「脳力」を高めるメリットはありますし、リフレッシュ効果もあるものです。が、リフレッシュのため、脳力を鍛えるためという〝名目〟のもとに、ダラダラとしていてはならないのです。

③悩んでいる時間

意外なのは、アレコレとただ悩んでいる時間の多いことです。

もちろん、計画を立てるとか、段取りのために迷うこと、悩むことはあるでしょう。しかし、そこに時間をかけすぎると、やはり時間ドロボウとなりかねません。

私はいつも「仕事は3秒で決めろ！」と、あえていっています。すぐに決まらないことは、実はどれを選択しても、似たりよったりということは多いものです。

スパッと決めて、あとは悩まず行動していくことが成功するコツではありませんか。

SECTION 2

自己完結型と他者介在型

探し物や長電話のように、「自分の努力」によって解決してしまう時間ドロボウを「自己完結型」といいます。

これに対して、会議や営業先など、相手もかかわってくるタイプの時間ドロボウのことを「他者介在型」と呼びます。

まっ先にやっつけるべきはどちらでしょうか？

いうまでもなく、自己完結型の時間ドロボウです。なぜなら、あなたの努力だけでやっつけることが可能だからです。

私はいくつか「自己完結型」のドロボウ退治をして、「空き時間」が増えました。

ほとんどは、

・スピーチの練習
・原稿書き
という私のメインの仕事にあてました。

が、他にも
・ハングルの勉強
・ジョギング
・空手の型の練習
といった、プライベートの大切なことにも使えるようになりました。
最近は他にも
・ワインの研究
・読書
・彼女（?）と会う
などの楽しみも増えて、さらに〝人生〟が楽しくなってきています。
昔は「人生50年」といっていましたから、私などはもういなくなっている年です。

しかし、今は、まだまだ人生を充実させて、タイム・イズ・ライフと実感しています。
そのために役立つのが、今のような、「自分完結型」の時間ドロボウの退治です。

私のケースは
・探し物
・決断力不足で迷うこと
この2つが、どうしても退治すべき自己完結型の時間ドロボウでした。
また、若い時には、相手がかかわってくる時間ドロボウにこんなものがありました。
「会議」でも「上司からの頼まれ仕事」でもありません。
他者介在型の筆頭は、「ドタキャン」です。
もちろん、私が女性に「される側」です……。

ドタキャンの退治法は何でしょうか？
「ドタキャンするな！」ではすみません。相手の都合ですから。
究極は、ドタキャンするような女性とはつき合うなということでしょう。しかし、いい女性に限ってドタキャンが多いことを、私は経験的に学びました。

「ごめんなさい、松本さん……」といわれると、どうしようもなかったのです。

20代だった私は、しかし、何回もドタキャンされていて、「自衛策」を考えました。

それは「代わりのスケジュールを用意しておく」ということです。

例は卑近なので、何かあなたのやるべき小作業、小仕事におきかえて考えてみてください。

「よし、今日は銀座の近くに勤めていた友人がいるから、3年ぶりに会えるかもしれない」

ということで「ドタキャンされそうな予感」のあった私は、友人にあらかじめ電話しました。

「山田君元気？　久しぶり。もしかしたら今日銀座の近くで営業があって、早く終われば会えるかもしれない。その時は電話するけど、大丈夫かな？」

「松本、本当久しぶり。今日は早く終わりそうだから、いいよ。よさそうなら、また電話してみてね」

と、保険をかけました。

すると、予感はあたり、彼女から「ごめんなさい」の電話です。

しかし私は嬉しかったのです。

「久しぶりに友人と会える」からでした。そして私は彼と乾杯して、楽しい時間をすごせました。


まあ、ドタキャンが多いということは、私が本命でなかったということなのでしょう。ただ彼女のおかげで、今はセミナーの「ネタ」にもできたし、本のエピソードにもなったのですから、彼女には感謝しています。


自己完結型は「今すぐ」退治しましょう。不退転の決意をもって。

他者介在型のひとつの対応策は、「代案をもつ」ことです。

万一時間をとられたら「何をするか」という次善策のある人は強いのです。

SECTION 3

最低3つの退治策を考えよう

「こうすればこの時間ドロボウは退治できる」というには〝具体的な行動〟を3つは考え出してください。

そしてそれを紙に書いて、「見える化」します。

仮に「探し物をしている」のが時間ドロボウとしましょう。

その場合、「探し物をしないようにする」というのはNGな言い回しです。具体的に「では、どうするのか」が示されていません。

ですので、後述するような

●同じ物を3セット買う

●ひとつ高価な物にする
●探し物リストをつくって貼り出して、なくさないように気を配る

などが、具体的な行動ということになるわけです。

この場合、私は「最低3つ」を考え出すようにとアドバイスしています。なぜなら、ひとつだけだと、「その案がダメならすべてダメ」となってしまうからです。


「3つの代案」というのは、先述の、「代わりにすべきこと」でも同じです。例に出したような「ドタキャンの際に友人と会う」のはひとつの案です。しかし、もしも友人がダメだったら、どうなるでしょうか？

やはりそれは時間ドロボウとなりますから、「映画を観る」「読書をする」「散髪をする」などのように、複数案があってこそ、安心できるわけです。

時間ドロボウの対抗策も、スケジュールの代案、時間ドロボウの対処法そのものも、「代案」を3つは用意しておくことです。

SECTION 4

▼一番のタイムマネジメントは時間を省くこと▲

私は、従来の「緊急度」と「重要度」の尺度での優先順位づけでは、どうしても「緊急な仕事」に手をつけがちだという弊害をなんとかしたいと思っていました。

そして、「重要度」を見直すために〝見切り〟という考え方を提唱していて、幸い好評です。

詳しくは他の章にゆずりますが、見切れる仕事は「重要度が低い」。また、見切れないで100％が要求される仕事は「重要度が高い」ということになります。

これは、手抜きではなくて、「80％のデキ具合」で十分で、それ以上はやっても同じ、やらなくていいという仕事をいいます。

特に社内だけで使うデータとか、外部に提出しない重要でない資料類などは「見切り」

の対象となります。

このあたりの重要度の低い仕事に時間をかけすぎると「時間ドロボウ」ですし、残業の元凶にもなります。すべてを100％のデキにする必要はないのです。


もちろん「見切れない仕事」もあります。これは重要度が高いのですから、手は抜かずに時間を十分にかける必要があります。

その時間をとるためにも「見切り」は欠かせないのです。


さらに、今年に入り、私は見切りの上をいく方法を生み出しました。

それは「切り捨て」です。

80％のデキといわずに、何もしなくていいことは、始めから手をつけない、時間をかけないどころか〝やらない〟わけです。

これはもう究極です。

その仕事の進め方とか、段取りなどは何も関係ありません。始めからしないのですから。

私の説く「切り捨て」を実行して、空き時間でジムに通ったり、資格をとっている受講者がいます。そのうち〝続出〟となるはずです。

自由な時間をつくり出し、心も安定して、タイムマネジメントがしやすくなる「切り捨て」を行なってみてください。

意味のない定例のミーティングとか、必要のない朝礼などを切り捨てていって、上手に時間を生み出した事例を私は数多く知っています。

慣習化している仕事、作業、儀礼などの中で、「時間ドロボウとなっているから、これは切り捨てよう」ということを見つけ出してください。

私はもう何年も、年賀状は手書きで本当の友人、お世話になった人にしか出していません。

５００枚を越えたあたりから、「これは時間ドロボウだから切り捨て」と思ったからです。

基本は印刷したとしても、手書きメッセージつきです。なので、相手方から会社経由で、半ば「儀礼的」なものが来ますと、困っていたものです。

もろちん、年末の楽しみで、時間をかけたいという人なら別です。

しかし、ただの慣習だったら「切り捨て」ていいのです。

あなたが大切にするべきは、「自分のために使う時間」です。タイム・イズ・ライフ、ただ儀礼だから、慣習だから、皆がやっているからという理由でしていては、時間ドロボウを本当には退治できませんよ。


決めるのはあなたです。

果たしてあなたは、「何」を見切るでしょうか?

何を切り捨ててしまって、「始めからしない」「始めから時間をかけない」とするのでしょうか?

切り捨ては、究極の時間を生む方法です。

SECTION 5

充電時間はムダにあらず

時間ドロボウというと、少しでも時間のかかるものをすべてそうだととらえる人も出てしまいます。

が、どうしても「必要」な時間は、通常そのようにはいいません。

タイムマネジメントのセミナーでは、自分で何が時間ドロボウと思うかを書き出してもらいます。すると中には「パソコンを立ち上げる時間」とか「通勤時間」、ひどい場合には「睡眠時間」も時間ドロボウ、と書く人さえいます。

しかし、これらは生きてビジネスをしていく上では、欠かせない時間です。もちろん、新機種にして、起動するまでをスピーディーにするとか、通勤の経路を変えてみるとか、睡眠を削ることは不可能ではないでしょう。

現に私は、この頃「短眠法」を指導していて、〝健康〟に、〝頭の働きを低下させずに〟

今までよりも睡眠を減らしていくことを説いています。

しかしそれでも、3、4時間の最低睡眠時間は確保しないと仕事はできません。これは、ドロボウではなくて、必要な時間となります。

時間ドロボウとは、たとえば自分の整理が悪くてファイルや物を探してしまうとか、車の渋滞にまきこまれてムダに時間を使うとか、長電話、長話の類です。

ですから、本当に「必要な時間」なのか、それとも「時間ドロボウ」であるのかは、よく見極めなくてはいけないのです。

必要な時間をドロボウと間違えて減らしてしまいますと〝ムリ〟が生じます。やがては、それは、自分の首をしめるようなことにもつながりかねませんから要注意です。

まだ、パソコンの立ち上げのような、何十秒の世界なら大ごとにはなりません。

しかし、根本から誤まって考えてしまいますと、〝必要な時間を削る〟ということにもなって、良くない結果を招きかねません。

その最たるものは、「充電」「リフレッシュ」「休憩」の時間です。

傍目にはボーッとしているように見えたり、その時間から何か生産されるということはありません。

ですので、「これは、時間ドロボウ」と思う可能性はあるでしょう。

休憩、リフレッシュは、決して「グズグズ」「モタモタ」して作業しているのではありません。

リフレッシュして、新たにやる気と集中力を高めて成果につなげていくべき大切な時間です。

くれぐれも、時間ドロボウと間違えて、削る、減らすなどということがないようにしましょう。もちろん、「必要な分」という条件つきなのですが。

充電時間と時間のムダとはまったく違います。

「何もしない」のをムダとすると、「ムダの効用」と考えることも面白いでしょう。

絵は、何も書かれていない部分によって成り立ちます。びっしりスキ間がないと、絵にはならないのです。

スピーチは、何も話をしていない〝間《ま》〟で成り立つのです。休みなく話をしていては、本人も聞き手も疲れきってしまうでしょう。

同様に、ビジネスには「何もしていない」という充電、リフレッシュタイムが欠かせないのです。下手すると「ムダ」ととられかねませんが、この時間こそが有効なのです。

SECTION 6

奪われリストをつくろう

あなたはいったい「何」に時間を奪われてしまっていますか？

くり返しますように、「必要」「かけるべき時間」はここには入りません。完全に「とられすぎ」「奪われてしまっている」と思われるものをあげてみてください。

ここはやはり「見える化」が大切なので、紙に書き出してみましょう。

タイトルに「奪われリスト」と大書して、そのあとに、自分が思いつく限りのことを、あなた自身のリストとして記していくのです。

たとえば、

奪われリスト

●長電話

●メール処理に時間をかけすぎる

●迷う癖がある

●渋滞

●何ごとにも心配しすぎ

●会議

●ファイル探し

などというように、あなたなりのリストを作成します。

これだけでも、あなたがどんなことに時間を奪われているかがよくわかるようになります。

原因がわかれば、つまり何によって時間を奪われているかの原因がわかれば、次は対処法を考えたらいいわけです。

そして、そのリストのそれぞれに、可能な解決策を最低3つは書き出してみましょう。

もしも1人でやりにくければ、協力してくれる同僚を探して、共に考えてみてほしいのです。

相手にもリストをつくってもらって、あなたのアイディアを伝えてもいいでしょう。

1人のアイディアよりは、2人、3人とメンバーがいたほうが解決策が出やすくなりますから、許されるようでしたら、やってみてください。

先述したように、ひとつの〝奪われ〟に対して、最低3つのアイディア、対処法は出しておきましょう。

そうでないと、ひとつがダメならすべてダメ、となりかねないからです。

たとえば——

「長電話」

①ストップウォッチで計測して、オーバーしないようにする

②電話のすぐあとにスケジュールを入れてしまう。早く終えないと、そのスケジュールに手がつけられなくなる

③同僚や上司に、長くなったら注意してもらうようにする

というようにして、リストの項目への対処法を3つ書き出していきます。もちろん、5、10と対処法は多いほど、時間ドロボウ退治の可能性は高くなるものです。

あるいは、「メール処理」なら——

①処理する時間を決め、その時間にしかしないと決める

②個人名あて以外は読まない、ジャンクメールの多い英文は即削除などメールを読むルールをつくる（もちろん、仕事の内容によって変わるのはいうまでもありません）

③協力者をつくり手伝ってもらう

などとしておくわけです。

奪われリスト

＋

３つの対処法

という組み合わせで、時間ドロボウをやっつけてしまいましょう。

まずはリストにして「見える化」することで、半分以上は退治できる方向に進んでいますよ。何しろ今までは、時間ドロボウのリスト化はもちろん、「書く」「見える化」して、「わかるようにする」ことすらしたことがなかったはずですから……。

SECTION 7

時間を決めると道は開ける

時間ドロボウは、「具体案」が出れば根本的に退治することが可能です。

たとえば、現実に効果を私のセミナーで実証できたのが、あるスポーツ用品の営業の会社での出来事です。その会社の営業マネージャークラスの方30名ほどで、タイムマネジメントの研修を行ないました。

私は「手で書く」ことの効用も強く説いていますので、グループをつくって「時間ドロボウ」を書き出してもらいました。

すると全員に共通していたのが、営業車両で外に出ると、大半は「車の渋滞にまきこまれる」というものでした。

ニュースをチェックする、前の時間に営業に出た人に尋ねるという退治策も出ました。

しかし、「カーナビを全車両に装備する」というのが、その会社での圧倒的に「最強」と思われる退治策だったのです。そう、そこではまだ三分の一の車両にしかカーナビがついていなかったのです。

偶然、評判のいい研修ということで、副社長クラスの決定権ある人が何人もオブザーバーとして後方の席で見学していました。そして、営業から「カーナビをつければ、時間ドロボウが防げて、営業成績が上がる」と結論が出て、無視もできません。

結果としてその会社は、全営業車両にカーナビをつけて、「間違いなく」営業成績は皆が上がったのです。

このような「具体案」で退治していくのが、時間ドロボウへの接し方としては理想です。

が、もっと身近な時間ドロボウに対してお勧めするのが「**時間を決めること**」なのです。

たとえば、メールの処理数が3ケタともなってくると、どんな人にとっても時間ドロボウになります。日に300とか500の大量メールになると、何らかの対応を早急にとる必要があります。チェックするだけでも、時間ドロボウになってしまうのは必至です。

この場合、何らかのルールを設けて「読まない」工夫をしたいところです。

あるいは、色分け、フラグをつけるなどの工夫も大切です。

が、まずまっ先にやるべきは「時間を決めること」なのです。

たとえば「午前中15分」「午後30分以内」と決めたなら、もうそれ以上はメールに費やさないことです。そうしないと、「本来あなたのやるべき仕事」に手が回せなくなってしまいますよ。


これはメールに限りません。いつも長電話してしまう人なら、一件のお客さまには「10分以内」「5分だけ」というように制限をして、時間そのものを決めてしまうわけです。

よくありがちな〝ネットサーフィン〟も、仮に「5分だけ」「長くて10分、それ以内」と決めてしまえば、その時間内は楽しんだり、リフレッシュすることができるものです。


具体案を出す前に、まずは時間を決めてしまうことで、タイムマネジメントにおける、「時間ドロボウ」はやっつけられるのですよ。

SECTION 8

大きなドロボウを退治しよう

時間ドロボウは、〝大物〟を捕まえてやっつけるようにしないと、あまり「使える」ための時間は増えないものです。

〝大物〟というのは何でしょうか？

●時間がとられすぎる（30分以上、場合によっては何時間単位で）
●毎日のつみ重ねでバカにならないもの
●よくやられる、自分でしているもの

などはすべて〝大物〟といっていいのです。

その日にしか起きない、ちょっとした時間というのは、どちらかというとスキマ時間に属するもので、これは次章で詳しく述べていきます。

さて、あなたの時間ドロボウの〝大物〟は何でしょうか？

私の場合は、「何日間もかかる」という大物ではありませんが、しょっちゅう「やっていた」ことがあります。

それはすでに退治した大物です。しょっちゅう「自分が」生み出していたもので、自分で処理できる類のものでした。

これに対して「相手がいる」「全社的」な時間ドロボウでは、自分1人だけの力では、すぐにあらたまるものではありません（退治する努力、工夫、行動は欠かせませんが）。

私の場合は、他でも例に出しましたが、戒めも含めて書くと「探し物」なんです。

今は、自分の一番力の出せる「プライムプレイス」というのは、ある都心のホテルの高層階の部屋です。オフィスそのものをその近くにもっていけば、仕事が大いにはかどりますから、今、実現に向けて動いています。

が、まだそれまではそのホテルでの原稿書きが、質も量も一番なのです。

本書も半分はそこで書いていますから、「いい本」なんですよ。

さて、それに気づくまでは、私は自宅のリビングが、一番仕事のはかどる場所でした。今はNO．2の位置になりましたが、それでもそこで、120冊超の著書の8割以上を書いているのです。

家族の会話、テレビの音、来客、セールス電話などで騒々しいほうが、私は集中できるのでした。変わっていますね。

小さな書斎はあるのですが、どうもあらたまってしまって、かえって筆は進みません。あたかも、カジュアルで彼女に会うとしゃべれるのに、見合いの席になると口数が減るようなものです。

私は、「あらたまって」しまい「さあ仕事をしなさい」「原稿を書けますよ」などという環境が苦手なようです。

当然、仕事部屋というのではありませんから、文房具がそろってはいません。机らしきものもなくて、いつもは食事をしているちょっと大き目のテーブルと、くるくる回る椅子で書いています。

「アレ、どこにあるのかな?」「たしかにここに置いたのに」という探し物が、本当にバ力にならないくらいでした。

①書斎で書く
②元あった場所に戻しておく
③リビングに机をもちこむ

これらすべての対処法は、私にとっては「できない」、少なくとも「むずかしいな」と思うものばかりでした。

そして、ついに到達したのは、次の2点です。

A　探し物リストをつくり、同じ物を3セットずつそろえる

あえて自腹を切って3セット買うと、「これからは探さないぞ！」という決意を強くするのに役立ちます。

結果、探すことはなくなりました（まあ、3セットのはずが、どこを探してもひとつ足りないなどということはありましたが……)。

B　高価な物を買う

あまりにバカげていますが、私は「これからは絶対になくさない」と自分を戒めて、くり返さないように、数十万円投資しました。100円のペンだとなくしてしまうので、ペンにウン十万円かけたのです。バカみたいでしょう。

しかし、高価な物を「アレ、どこに置いたっけ?」などということはありません。探し物をよくする人は、先の3セットのスペア作戦と併せてやってみましょう。

かくして私は、私にとっての大物、たぶん皆さんにとってはとるに足りない小物かもしれない「探し物をする」という時間ドロボウから解放されたのです。いい気分ですね。

私の例は卑近すぎますが、あなたにとっての〝大物〟をぜひ退治しましょう。

そうすれば、ただそれだけで、あなたの大切なことに使える時間は増えます。必ず。

SECTION 9

最大の時間ドロボウは明日病

時間ドロボウの最大のものは何かおわかりでしょうか?

根本的にこれをやっつけておかないと、あらゆるタイムマネジメントのスキルも水泡に帰してしまうという恐ろしい「病」。

それは「明日病《あしたびょう》」です。


やらなくてもいいかな、と思えるような、スモールタスクがあります。しかし、その日にやらなくても、必らずいつかやらなくてはいけない小仕事。


「まあいいや」

「今日は一杯飲んで寝てしまおう」

「明日やろう」

という先のばし癖を「明日病」といいます。

これをまっ先に退治して、すぐにやる！　という人が、タイムマネジメントの恩恵を受けられるのです。

しかも恐ろしいことに、小仕事のみならず、大仕事でやっかいで、しかし重要度の高い「必ずやるべき」仕事も、明日病で先のばしにしてしまう傾向はあります。

まずは「明日病」という、最大の先のばしという「時間ドロボー」こそ、やっつけてしまいましょう。

3章

スキマ時間を活用して勝つ

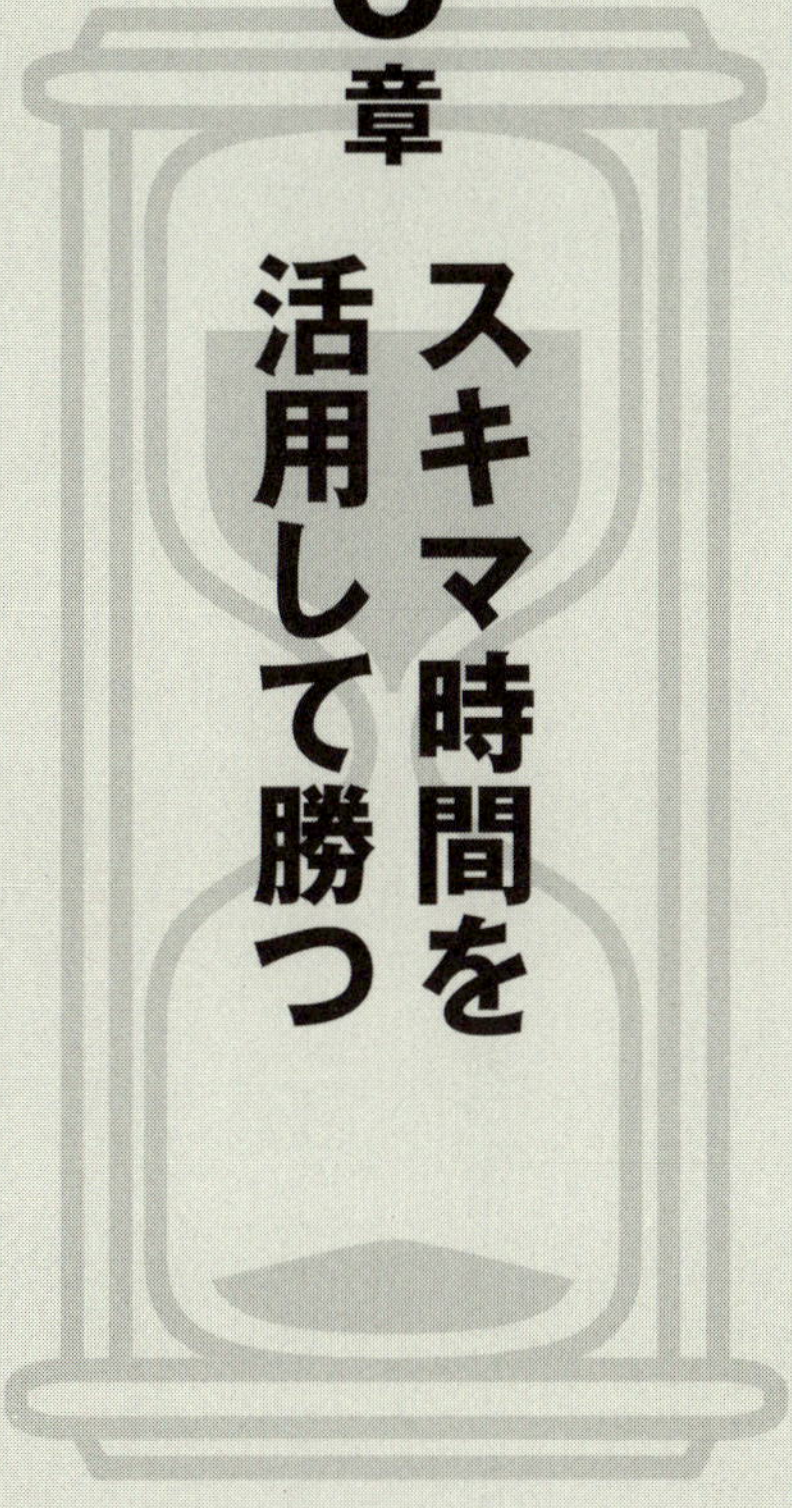

SECTION 1

スキマ時間にある誤解

よく、「タイム・イズ・マネー」といいます。

時間は貴重なモノ、ということでは言い得て妙ですが、そのまま信じこむと大変なことになります。

何が大変かというと、お金と同じと思いこむと**貯めておいて一度にサッと使える**と誤解してしまいます。

なのでよくあるように、「1日10分のスキマ時間が6回あると、1時間の仕事ができる」となってしまうのです。

しかし、私は気づいたのです。

それは、「お金と時間はイコールではないな」ということです。

つまり、10分のスキマ時間というのは、3回でも5回でも、たとえ20回あったとしても「貯めることはできない」ということなのです。

常に10分は10分、それ以上にはならないのです。

このあたりのことが、私は自分でタイムマネジメントのセミナーを行なって「実践」してみるまでは気づきませんでした。遅いでしょう。

私は原稿を書くのが大きな仕事です。メインです。

他に、研修講師も行なっています。これは年に150〜200回なので、どちらがメインかわからないのですが、「人材育成コンサルタント」という肩書きもあります。

以前は、タイムマネジメントのセミナーをする前ですが、「タイム・イズ・マネー」を理解したつもりでいました。つまり、「スキマ時間をいくつも合わせたなら、まとまった仕事ができるもの」とばかり考えていたのです。

しかし、たとえば原稿書きなら、次のマイナス面がありました。スキマ時間に少しずつ書いて、まとめたらたくさんの原稿になると〝誤解〟していたのでした。

マイナス面は

●**前に書いたモノを思い出すのに、時間がかかる**
●**集中するまでに時間がかかり、集中したらすぐにスキマ時間は終わりとなってしまう**
●**全体の流れ、勢いが出てこない**

といったものです。

なので、10分、15分というスキマ時間ではあまり効率のよい**まとまった仕事はできない**、ということがわかりました。

そこで私のとった手は、どういうものだと思いますか？　つまり、もっと効率よく、成果を出すやり方は、どうだったでしょうか？

それは、「スキマ時間には、まとまった大きな仕事をしない」ということです。

正確には、「まとまった大きな仕事の〝パーツ〟はしない」ということです。

つまり、いくら10分、15分のスキマ時間で仕事をして、それを合わせてみたとしても「まとまった仕事」にはならないということです。

私の原稿書きの例でいえば、5枚の原稿をスキマ時間に書いたとして、10回分を合わせたところで、50枚のまとまった仕事にはならないということです。

もちろん、数の上では帳尻は合うかもしれません。

しかし、その質は、一気に50枚書き上げた時とは比べものにならないのです。

ですので、**大切な仕事、重要な仕事は、スキマ時間にするべきではない**、という結論になります。

SECTION 2

スキマ時間専用の仕事をせよ

いかにスキマ時間があっても、〝成果〟の出せなかった私は、思い至りました。
それは**スキマ時間にはスキマ時間用のやるべきことがある**ということでした。
逆にいえば**スキマ時間には重要な仕事はするな**ということにもなります。

なので、「タイム」は「マネー」のように「貯めておいてあとでまとめる」こともできませんし、「貯めておいた時間とまとまった時間」はイコールになることもないのです。

結論として、**スキマ時間には、スキマ時間用の仕事をすること**が、もっともスキマ時間を生かすことになります。

たとえば私の例でいいますと、大切な本の原稿というのは、原則としてスキマ時間には書きません。しかし、ちょっとした15分もあれば集中して書けるメルマガの原稿や、雑誌の原稿を書くには適しています。

さあ、考えてみてください。

あなたがスキマ時間にできる「軽い仕事」にはどのようなものがあるでしょうか?

私が今研修でとりくんでいるのは、「現場でいかにして実践するのか」ということです。

たとえば今の場合でもまったく同じです。

「スキマ時間にはスキマ時間用の仕事をせよ」とは、いえます。しかし、仕事の現場で現実に用いていくには、具体的なノウハウ、行動にまで結びつけなくてはなりません。

このことは、私が今、「本」でもとりくんでいることです。

つまり、「いいことが書いてあるなあ」「なるほどね」では、終わらせたくないのです。

たとえひとつでも2つでも、私の本の中から〝現場〟で活用していくものをつかみとっていただきたいのです。

「スキマ時間」において私が説いているのは、スキマ時間にやるべきことの専用リストをつくるということです。

スキマ時間には専用の仕事をせよ、というのは、専用のリストをつくるということによって、行動レベルにまでおとしこまれます。

結果として、実践につなげていくことができるのです。

- **●重要度は低い**
- **●ちょっとした空き時間にできる**
- **●場合によってはプライベートも可**
- **●ファイルするまでもない、小さな仕事**
- **●先のばしにしがちだが、すぐできること**
- **●20分はかからない作業**

などは、このスキマ時間の専用リストに載せておくのです。

経験からいえば、私の本の例のように、「重要度の高い仕事のパーツ」はダメなのです。

いくら寄せ集めてみても、まとまった時間にやった成果と同じにはならないからです。

〝プライベート〟というのは、たとえばベストセラーのビジネス書を買う、とか、接待用の店の予約くらいまでは許されるのはおわかりでしょう。

どちらにしても、「時間」は、かかるのです。なので、ちょっと空いたスキマ時間に行なうのは許されるものです（もちろん、いくらプライベート可といっても、映画館に入るとか、パチンコ、ゲームセンターがＮＧなのはいうまでもありません）。

あらかじめ、スキマ時間にやるべきことは、スキマ時間専用の〝ＴＯ ＤＯリスト〟にしておくことで、時間を生かすことができるようになります。つまり、〝現場で使える〟のです。

もちろん、リストのみならず、必要となるデータ、資料などは少々手間でも持ち歩くくらいの努力はいります。そうすれば、「あっ、15分空いてしまった……」などという時に、時間をムダにしないですみます。

SECTION 3

▼そもそもスキマ時間って……▲

スキマ時間の一応の定義をしておきましょう。

①長くても20分までの、端数の時間

ということは、仮にスキマが空いていたとしても、1時間とか2時間は、この場合のスキマ時間にはあてはまりません。

②基本的には、いつ空くのか〝予測がつかない〟モノ

いつスキマ時間になるのか、予測がつかないのがスキマ時間です。

たとえば――取引先で待たされる、電車がトラブルで停まる、突然の渋滞、ＩＴ機器、システムのトラブル、担当者の急病などは、スキマ時間の要因となります。おわかりのように、「いつ生じる」のかは確定できないものです。

なので「スケジュールには組めない」といえます。

それはそうですね。

「木曜日の午後2時15分から20分、電車がトラブルで停まる」

「取引先の山本部長、会議が長引いて10分待たされる」

とはできないわけです。

スケジュール化できない、ということは、スキマ時間の大きな特徴といえます。

しかし、「必ず生じる」ことも否定できないことでしょう。

ですから、「スキマ時間専用のＴＯ ＤＯリスト」をつくるのは、とても有効な手といえます。

さらに、スキマ時間には〝小作業だけ〟というのではもったいないです。

次の3つのことは、時間の少ない場合にも1日のうちでとりたいものです。

ですから、何回かのスキマ時間の中で実行していくことを心がけてください。

①考える時間
②休む時間
③プランする時間

これらは、あらたまって時間をとってもいいのですが、一日のうち何回か生じてくるスキマ時間にはぴったりの「やるべきこと」と思ってください。

①考える時間

忙しさの中に埋没してしまうと、「時間に追われる」人は多いものです。

そうなると、目先の仕事をやっつけていくのが精一杯で、じっくりと考えるような時間がなくなってしまうものです。

もちろんこれはスキマ時間に限りません。常に「考える」人こそ、仕事を効率よく処理していける人なのです。

そして、「いつ」かは確定できないものの、必ず1日のうちに何回か生じてくるスキマ時間には、「考える」ことを忘れずに行ないましょう。たとえ15分、20分であったとしても、あなたに与えるプラスの影響は大きいものです。

②休む時間

スキマ時間にただ無為にボーッとしているのと、「意識的に休む」のとはまったく違います。

タイムマネジメントには、「どういう意識でいるのか」が欠かせません。これは、たとえ「同じこと」をしていたとしても、です。

あなたが「主体的に」行なうことによって、時間は生きてきます。

仮に、遅刻しそうになって駅まで走ったとしましょう。これは、とても「体にいいこと」とはいえません。

しかし、健康のためにジョギングをしようという意識のもとに走ってみたらどうですか。

同じように駅まで走っているのですが、その時の意識で〝成果〟が違うのがわかるはずです。

休むのも同じで、「休もう」と意識して、スキマ時間に休むのがいいのです。

③プランする時間

「マネージャーにとって、一番大切なのは、プランニングの時間」というのは、ピーター・ドラッカーのことばでした。

ドラッカーのいうマネージャーのみならず、ビジネスパーソンにとって「プランする」のは時間を生かすためには欠かせないことです。

ただし、私はいつも「手段の目的化」を戒めています。

つまり、プランニングは「いい仕事をするため」の手段です。ですから、特殊な仕事を除くと、プランに1日に何時間もかけるのは本末転倒で、手段が目的になってしまっているのです。

スキマ時間は、長くても1回20分前後。これはプランニングするのには、ちょうどいい長さといってよいでしょう。

大前提としては、いつでもプランできるように「紙とペン」は用意しておくことです。もちろん、電子機器でも構いません。

ちなみに私はアナログ派で「紙の手帳」や「ノート」を用いています。が、あらたまって「よし、プランするぞ」と、時間を決めて行なうことはまずありません。

ちょうどいいのが「スキマ時間」なのです。「いつくるのかわからない」スキマ時間ではあまり適さない気もするでしょう。

しかし、長くても20分程度。また、逆にいつくるのかわからないがために、「頭の切り換え」にもなります。

スキマ時間にプランニング、ちょっとお勧めです。

SECTION 4

裏技は、スキマ時間をつくり出すこと

先述のように私のタイムマネジメントの手法は、常にマイナーチェンジをくり返して「進化」させていっています。

よく例にあげるものに「プライムタイム」があります。

自分にとって一番パフォーマンスのあがる、効率のいい時間帯ということです。

以前は、このプライムタイムにあわせて、自分の重要な仕事を集中させることを主張していました。

仮にプライムタイムが午前中の2時間くらいであるとしましょう。しかし、そこに必ずしも自分の重要な仕事を組みこめるとは限りません。

「松本先生、いつもそこは会議があります」

「クレーム対応がある時には使えません」といった研修受講者の声もあり、「プライムタイムにいい仕事」が必ずしもできないことに気づきました。

そこで次に考えたのは、「第二プライムタイム」とも呼べるような〝サブ〟の時間を見つけ出すことです。

仮に午前のメインで100の力を発揮できるとすると、80くらいの力は出せる時間ということです。

しかしこれもやはり、基本的には「受け身」ということです。

ですので、やはり他の割り込み仕事などで、「使えない」こともあるわけです。

結果として、いつでも自分の力が出せるように、「プライムタイムをつくり出す」という攻めの姿勢こそが理想だと思い至りました。

私はこれを、時差がある外国の試合であっても、そこにピークにもっていくようにトレーニングしていくボクシングの試合にたとえました。

タイトルマッチ方式と名づけて、力を出すべき時間を自らプライムタイムにしていくのです。

これが「受け身」↓「攻め」へと転換させていった、プライムタイムに対する私流の進化です。

このような「受けから攻めへ」を、今、スキマ時間についても私は説き始めています。ただし、研修の中では語っていますが、詳しく説くのは本書が初めてです。やはり、ビジネス書の著者として進化していかないとマズイですからね。

では、スキマ時間を受け身でなくて、攻めていくと、どうなるでしょうか？

それは、あなたが**意識的にスキマ時間をつくり出す**ことになります。
そうすれば、「先手」を打てるのです。
スキマ時間ができてから「さて何をしようかな？」というのでは、１００パーセントそのスキマ時間を生かすことはできません。「後手」に回っています。なので、「スキマ時間専用のTO DOリスト」というのは、後手に回らないための工夫としていいことです。

しかしこれも、「スキマ時間ができてから対処する」というわけで、やはり受け身なのだと私は思いました。

そこでピン！ とヒラメいたのが「それなら、自分でスキマ時間をつくってみたらいいじゃないか」ということです。

これは、コロンブスの卵的な発想だと自負しています。

実際の例をあげてみましょうか。

たとえばA社を訪問してからB社へ向かうとします。B社へ行ったら先方の担当者の会議が長引いていました。

「松本さん、悪いけど課長の会議が長引いていて、15分くらい遅れます。申し訳ない」などという展開で、ポッカリとスキマになってしまうわけです。

英語でTime Holesなどというようですが、まさにブラックホール的にあいた、魔の時間、これが通常のスキマ時間です。

そうではなく、

「A社のあとB社だけど、B社に行く前に20分、スキマをつくろう」

と、あえてスキマ時間を自分でつくり出すのです。

これは、余裕をもつのとは異なります。

つまり、「スキマ時間用のTODOリストのひとつの作業、小仕事ができる、する」ための時間をつくるということです。

意識としては、仮に電車が止まっていなくても、「ここで電車がストップしたこと」にしてしまうのです。

「本来ならここで社に戻るのだけれども、〝15分〟リストにある中の企画のテーマを考えよう」

「10分だけ、リストにあるメールのチェックをしてしまおう」

というように、本当は自然に生じた「スキマ」でない時に、自分で「よし、スキマ時間にしよう」と決めるわけです。

このやり方を実行していくと、ひとつの考えに行き着きます。

それは、「本来、予期しない時間にポッカリ空くのがスキマ時間。だったら、それを自分で決めるのは、スケジュールになるのでは」ということです。

たしかに、自分でつくる、決めるとすれば、「スキマ時間」から、「スケジュール」となるでしょう。

スキマ時間をつくるとなると、大きなスケジュールとの差異も考えておく必要があります。

私は、スケジュールか、つくったスキマ時間かは「時間の長さ」で決めています。

SECTION 5

▼スケジュール化したスキマ時間の使い方▲

スケジュールを組むには、「代案」があると実効性のあるものとなります。万一そのスケジュールがムリになった際に、「第2案」があれば、時間はムダにならないでしょう。

スキマ時間は、長くても20分、中には5分、10分ということもありますから、スケジュールの「代案」を設定するだけの長さはありません。

また、あまりに端数の時間は、通常スケジュールには入れないものです。

たとえば、「パソコンを立ち上げる」とか、「3時5分から3分間コーヒーを飲む」などとはしないわけです。

スキマ時間も「長さ」としては、この範疇に入るものです。

私が勧めているのは、たとえばⓈのような記号を、あらかじめ決めておいてスケジュールの合間に入れておくということです。

ただし、スキマ時間専用のTO DOリストをつくったとして、その中のどれを実行するのかまでは決めておきません。

つまり、仮にリストに20の項目があったとして、その中のどれを実行するのかが未定なのでⓈというようにするわけです。

何をするのかというのは、その時の気分、ノリ、かもしれませんし、その時いる場所で決まるかもしれません。

たとえば「書店が近いから、このⓈの時間はビジネス書でも買っておくか」といった決め方です。

〝本当の〟スキマ時間と違うのは、本当のスキマ時間は、予期せぬ時にやってくるということです。

しかし、自分で決めたスキマ時間の場合には、何をするのかはあらかじめ決めておきません。ただリストのうちのどれかを「つくり出したスキマ時間にする」のは決まっています。「この合間にスキマ時間をつくろう。やることは、その時にリストから決める」とします。

別の言い方をすると、スケジュール化したスキマ時間を活用するということです。

本来、スキマ時間とは、いつ生じるのかわからないものですから、スケジュールには書けません。

しかし、あらかじめ自分で定めたスキマ時間は「ここをスキマにしよう」とスケジュール帳には書けます。ただし、「何をするか」までは決めておかずに、リストから選ぶのは本当のスキマ時間と同じというわけです。

私たちが、本当に心を乱すことなく集中できる最小単位は「15分」くらいでしょう。これはちょうど、スキマ時間の端数の時間と重なるものです。

ですから、スキマ時間だからといってあなどらずに、「よし、集中するぞ」「リストのことはやりとげるわ」というように、固い決意を持って、集中してしまいましょう。

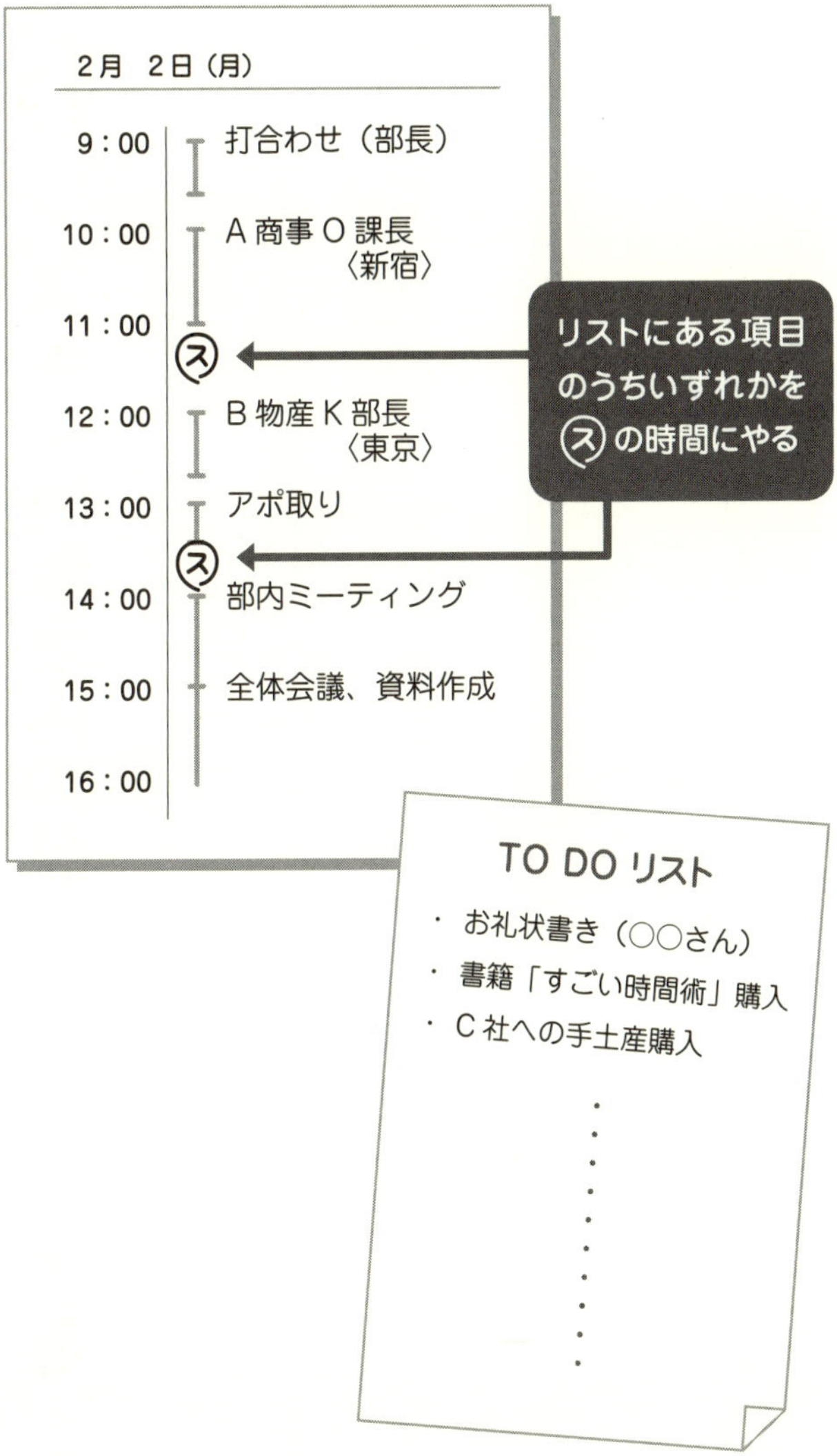
2月 2日（月）
9：00
打合わせ（部長）
10：00
A商事O課長〈新宿〉
11：00
ス
12：00
B物産K部長〈東京〉
13：00
アポ取り
ス
14：00
部内ミーティング
15：00
全体会議、資料作成
16：00
リストにある項目のうちいずれかをスの時間にやる
TO DO リスト
・お礼状書き（○○さん）
・書籍「すごい時間術」購入
・C社への手土産購入

SECTION 6

スキマ時間活用のリハーサルをする

スキマ時間の「15分に集中」するためには、あらかじめ「15分単位で集中」していく練習が必要です。

あらかじめリハーサルして、「15分」に体を慣らしておくと、いざ「スキマ時間」が生じた時に、集中して成果を出せるようになるものです。

いわば15分集中の「体内時計」といいますか、能力を上手に発揮する感覚がつかめるのです。

1日のうち、次の3つの時間帯を「15分集中」のリハーサル時間としてお勧めします。この時間に集中できるようになると、〝本当〟の、突発的なスキマ時間にも力を出すクセがつくものです。

その3つの時間帯は

①通勤中
②昼休み
③就寝前、起床後

です。いずれも「15分」はとれる時間帯でしょう。

①通勤中

私がサラリーマン時代によくやっていたのは、「3駅」とか「5駅」と決めて、その間に**アイディアを出す、単語を覚える**といったことでした。長くても15分で、これはちょうどスキマ時間に当たる長さです。

ポイントは、どのようなことを15分するにしても「毎日くり返す」ということです。

すると、いつの間にか時計を見なくても「10分」「15分」というのが、〝体でわかる〟ようになってきます。

この、「体でわかる時間感覚」は、何もスキマ時間だけに生きるのではありません。

私はよくラジオや、CDの録音をすることがあります。

通勤中のトレーニングともうひとつ、私の場合は講演会や研修のスピーチのトレーニングもしていました。というより、今もしています。

やり方は、1、2時間のスピーチであっても、15分単位の「コマ」に分解することです。


仮に「あがり症克服のために1時間のスピーチ」を頼まれたとしましょう。

これを私は15分×4コマにして、1コマずつをストップウォッチで計りながら、声に出してトレーニングします。

以前はこのリハーサルは、1コマずつ5、6回はやっていましたが、今は1、2回で十分になりました。

今の例なら

①あがるのは悪いことではない
②とっさの対処法
③〝保険〟とリハーサルの仕方
④自信をつける話法とは

というような4つのコマにして、15分のスキマ時間などにリハーサルするわけです。

1回でも「15分通し」で1コマのリハーサルをしておくと、本番には通して1時間のスピーチも苦にならないのです。

慣れると、計らなくても「15分」が体でわかります。

先日も、「10分」を単位にして、60分の録音を頼まれました。

これも、私の「体内時計」は優れているので、といっても自慢するのではないのですが、ほぼ2、3秒の誤差で「10分ピッタリ」の6回に録れました。

「先生スゴいですね」といわれましたが、やはり自慢は入っていますかね、リハーサルの効果を実感しました。

通勤中に、リハーサルを毎日しておくのです。

②昼休み

お勧めは、1日の「前半」に仕事のウエイトをおくために、12時とか12時15分くらいから「15分」の集中タイムにすることです。

〝午前〟の物理的な長さを長くすることで、仕事の成果を午前の前半に集中するのです。

「15分の集中」そのものを、12時過ぎて行なうことによって

- **午前中を少しでも長くして、1日の仕事を〝前半〟で仕上げる体質をつくる**
- **混雑した12時ジャストをズラして、昼食を食べられる**
- **毎日の習慣ができる**

といったメリットがあります。

③就寝前、起床後

出社前というのは、当然「早起き」につながりますから、皆にお勧めとはいきません。

「15分は早起きしてもいいかな」という人は、ぜひ朝から「15分の集中」を行なってみてください。

私の例のように、語学の勉強や企画、アイディアを出す、にとどまりません。「スキマ時間にやること」そのものを、出社前や就寝前に行なってみるのもよいのです。

もともと「スキマ時間」というのは、就業中の発想です。つまり、仕事と仕事との合間、スキマということです。しかし、プライベートの時間も含めて考えてみると、就寝前や、出社前、先の通勤中も「スキマ時間はある」と考えてもいいのです。

プライベートの時間に、〝仕事中〟のスキマ時間にやることを書いた「スキマ時間専用リスト」にあることをしてみること、これが〝リハーサル〟となります。

つまり本番は「仕事中のスキマ時間に、リストに書いたことをする」のですが、リハーサルとして「プライベートな時間（仕事以外の時間）に、リストに書いたことをする」ということです。

このあたりも、本書で初公開の考え方なのです。

少し前までは、「(仕事中の)スキマ時間には、ある程度プライベートなことを入れてもいい」くらいの考え方でした。ビジネス書を買うとか私的なメールチェックなどは仕事中でも場合によっては許される、という考え方です。

が、今の〝進化〟した考えでは、

プライベート(仕事外)の時間に、仕事中のスキマ時間のリストにあることをしてみる
＝
本番のスキマ時間のリハーサルになる

としています。

SECTION 7

「もったいない意識」をもつ

スキマ時間というのは、5分、10分といった端数の時間です。
このあたりは、私はタイム・イズ・マネーと共通しているのかなと思います。
つまり、「一銭を笑う者は一銭に泣く」と同じことが、スキマ時間にもいえるのです。

5分を笑う者は5分に泣くです。

つまり、端数のコマ切れになった時間だからといって、バカにしてはいけません。
もちろん、その端数の積み重ねで大きな仕事ができるとは私はいいません。
なぜなら、くり返しますように、スキマ時間は貯めておいて一気に使えません。
「5分は5分で完結」してしまい、何回あったとしても、まとまった1時間、2時間と同じ成果は出ないのです。
「3分」「5分」というスキマ時間ができた時に、時間活用の達人はもちろん、「何ができるかな」と考えて、すでにできることはリスト化してあるものです。

が、さらにその根本には
「この時間をムダにするのはもったいないなあ」
という意識があるものでしょう。
なぜなら、時間とは私たちの人生そのものであり、私がいつもいう〝タイム・イズ・ライフ〟だからです。

ですので、5分、10分というスキマ時間であっても、というか端数の時間だからこそ「もったいない」と思うようにしたいものです。

4章
優先順位はこうつけよ

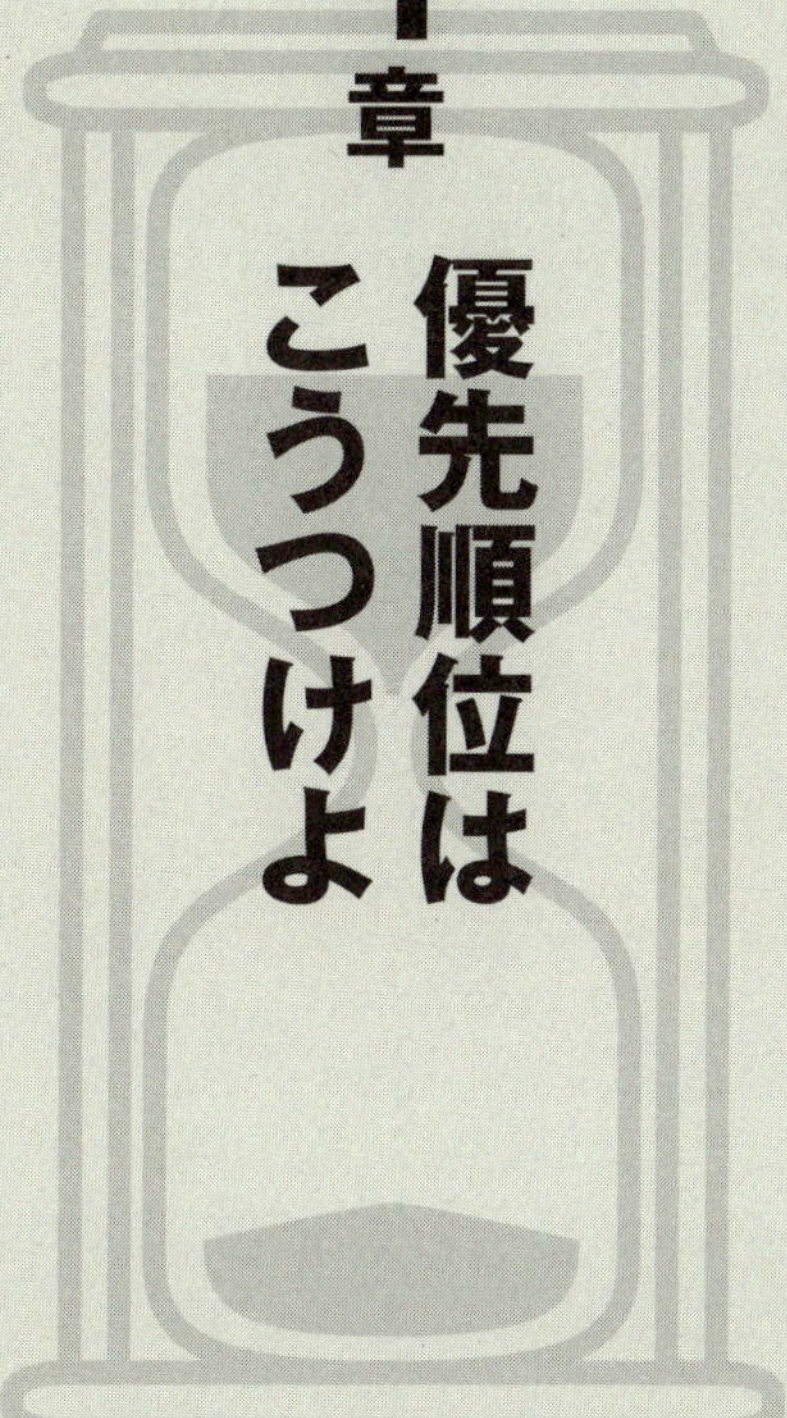

SECTION 1

緊急仕事は優先されがち

先述したように、私は、緊急度と重要度という優先順位づけの定番には、注意が必要と思っています。

重要かつ緊急な仕事は最優先、これは誰でも知っているし、わかることです。重要かつ緊急な仕事には、優先順位をつける必要もないくらいです。

このあたりは、この後に詳しくみていきましょう。

まず考えなくてはいけないことは、緊急、急ぎの仕事は「手をつけざるを得ない」ことになりがちです。

ですので、これが多くある人は「優先順位をつけてもムダ」といいます。

あるいは逆に、「急ぎ」の仕事がまったくない人もいます。

多くがルーティンワークで成り立っていて、この人も「急ぎがないし、あまり順位もつけられない」といいます。重要度が横ならびで緊急度も低い仕事が大半の人。

こんな人も、「やっぱりムダ」と考えるわけです。

実は、タイムマネジメントのスキルは、かなり「個人差」があるのです。

というのは、まず、一人一人やっている仕事が異なります。プライムタイムに関しても、朝食を抜くので、午前は力が出なくて昼ごはんを食べてからという人もあれば、朝しっかり食べるので、昼食後は眠くなってダメという人も多くいます。

ですから、「全員が細かく優先順位をつける」というのは正しくありません。

そんなことをする代わりにどんどん仕事をすすめていったほうが効率がいい人もいるのです。

同様に「すべての仕事に優先順位をつける」というのも誤りです。

「優先順位をつけたほうが仕事がはかどる人」は、どんどん優先順位をつけて仕事をしていけばいいのです。

つけなくても「すぐにわかる人」、つまり大半がルーティンワークで、中に緊急な案件や、重要な仕事の依頼がくるので「これは優先」と歴然とする人は、あえて細かく優先順位づけをしなくてもいいのです。

また、重要な案件の多い人も、「どれが重要か」と時間をいたずらにとるよりは、パッパッと片づけたほうが効率的ということはあります。

が、私のタイムマネジメントセミナーは、多くは「中堅」と呼ばれるビジネスパーソンが受講生で、この人たちの9割近くが、「つけたほうがいい」「つけるべき」人たちです。

そして、今特別に優先順位づけをしなくてもいい立場、職種であったとしても、「優先順位のつけ方」を知っておいたほうが、将来何があるかわからないのですから〝必要〟ということで覚えておいてください。

いずれにしても、「重要度・緊急度」のみの尺度では、どうしても「緊急仕事優先」となってしまいます。

それがたとえ、重要な仕事ではなかったとしても、です。

私はこれを「コップの水理論」と呼んでいます。わかりますか？　コップの水。

あなたが仕事をしようとして、コップの水をこぼしてしまったとします。

どうしますか？

いうまでもなく、こぼした水をふきとるでしょう。

しかし、水をふきとることは仕事ですか？

違います。つまり、仕事の重要度はゼロです。

それにもかかわらず「緊急」なので手をつけざるを得ないのです。

これはひとつのたとえですが、仮にいくら重要度はなくても、緊急な仕事はどうしても優先されやすい傾向はあります。

ですので、いかにして「重要な仕事」を先に手をつけていくか、日頃から優先しておくのがポイントです。

SECTION 2

大切なのは重要度

仕事においては、緊急度だけにあまり重きを置いてはなりません。

あなたが医者だとしたら、盲腸と心臓病、どちらの患者さんを「優先」しますか？　両方緊急ですが、自ずと明らかでしょう。命にかかわるほうです。

優先順位づけも、「どちらが重要か？」が命です。

私にとっては、「本の原稿を書く」のが、重要度が一番高い仕事です。

ですので、緊急な仕事が入ってきても、どんな時でも、「本を書く時間」は最優先するようにしています。もちろん常識的な範囲ですが。

なので、集中して書いている時には、緊急なメールや電話、来客があったとしても、それらを〝後に〟します（後ほど詳しくご説明しますが、これを「タイムロック」といいます）。

また、先にコップの水のたとえを出しましたが、本当に集中していて、コーヒーをこぼしても、そのままパーッと書き続けていたこともあります（これは床を汚してしまい、家人には相当に怒られましたが……）。

よくあるような、緊急度と重要度のマトリックスは、私は不必要と思います。

大切なのは重要度です。

あとは、「納期」さえはっきりさせておけば、大半はＯＫです。

「緊急度の高い仕事を優先する」というのは、時によっては「納期がせまらないとやらない」ともなりかねないでしょう。

そうではなくて、大事な仕事なら、納期にかかわりなく、「いつも優先」しなくてはいけないのです。

「本を書く」というのは、私の仕事の中での生命線であって、どんな時にも優先します。

私の仕事のもうひとつは、研修講師です。これも、仕事の中では2番目。優先度が高いものです。

なので、時としては私は家族よりも優先してきました。

しかし、昔の知人が亡くなったり、大病したりするのを見て「人生」を見つめ直した時に、私は〝家族優先〟に切り換えました。

あるいは、場合によってはプライベート優先です。

今では、前年に家族や友人との予定を〝最優先アポ〟として先に確保しておいて、そのあとに仕事アポを入れています。究極、大切なのは人とのつながりですから。

恥ずかしいことですが、私は逆をやってきて、家族につらくいやな思いをさせたこともあり、今は反省しています。

今では、時としてですが、仕事よりも彼女（?）と、ワインを飲んで楽しく語り合うほうが優先します。常にとしてもいいのでしょうが、多くの人が「あいつ不まじめ」というレッテルを貼りかねないので、そういっておきます。

あなたも、あまりに不まじめな人の本は、読まないかもしれませんから。

大切なのは、あくまでも重要度です。

そこでポイントとなるのは、重要度の見極めでしょう。以下で詳しくご説明します。

SECTION 3

優先順位をつけてはいけない仕事

仕事の準備段階の小さなタスク、息抜き・休憩にするようなことには、**優先順位をつけてはいけない**のです。

わかりやすくいえば、パソコンを立ち上げるとか、トイレに行って手を洗うなどという小作業には優先順位をつけてはなりません。そんなことをしていたら、それだけで何時間もかかりかねません。

机の上のちょっとした整理とか、「ここで窓を開ける」、などというのは不必要です。

わかっているようでいても、この「パソコンの立ち上げ」レベルのことまで細かくしてしまう人がいます。

ですから、「優先順位づけは大変」となって長続きしないのです。

もともと不必要なものには、優先順位はつけないことを守りましょう。

あるいはまったく逆に、大きなプロジェクトを2つ、3つかかえていたとします。これも、プロジェクトの中で「どっちが重要？」などと考える必要のない仕事です。

ここでわかるのは、「プロジェクトの全体」をひとつの仕事としてしまうと、どうしても順位づけはできなくなります。

後述するように「仕事はどんどん見切れ！」と私がいいますと、「私の仕事は見切れません」という人が1人、2人はでてきます。

もちろん、仕事全体をひとつと考えると、手は抜けませんし、「見切り」はできません。しかし、その中の「パート」「作業」ということで考えたら、見切ることはできますし、優先順位づけもできるのです。

たとえば私なら、本の企画を考えたとします。「本の企画」という仕事は、ひとくくりで考えてしまうとおろそかにできないので、見切れない、となります。

しかし、その中のパートに分けると、たとえば、企画のひな型を考えているような、絵でいうと「ラフなスケッチ」の段階はあります。

このあたりでは、むしろ質より量で、アイディアはある程度見切りながら考えてみることもできるでしょう。

社外に出すような資料と、会議の中で内輪の人間がサッと目を通すだけの資料では、同じ「資料」であったとしても、見切ることができる場合もあります。

見切れる仕事というのは、80点の完成度で十分、場合によっては60、70点くらいでも、あまり影響なく〝使える〟〝他に任せる〟ことのできるような仕事のパート、作業のことをいいます。

見切れる仕事というのは、その中であまり細かく優先順位づけをしなくてもいい仕事ということになります。

仕事とひと口にいっても、その意味することのとらえ方は人によって異なります。

ですので、「見切り」という時には、仕事のパート、作業のひとつ、という単位でとらえてみましょう。

「80点で十分」なら、80点のできですぐに提出したり、人に任せてしまい、あなたはもっと大切な仕事に着手しましょう。

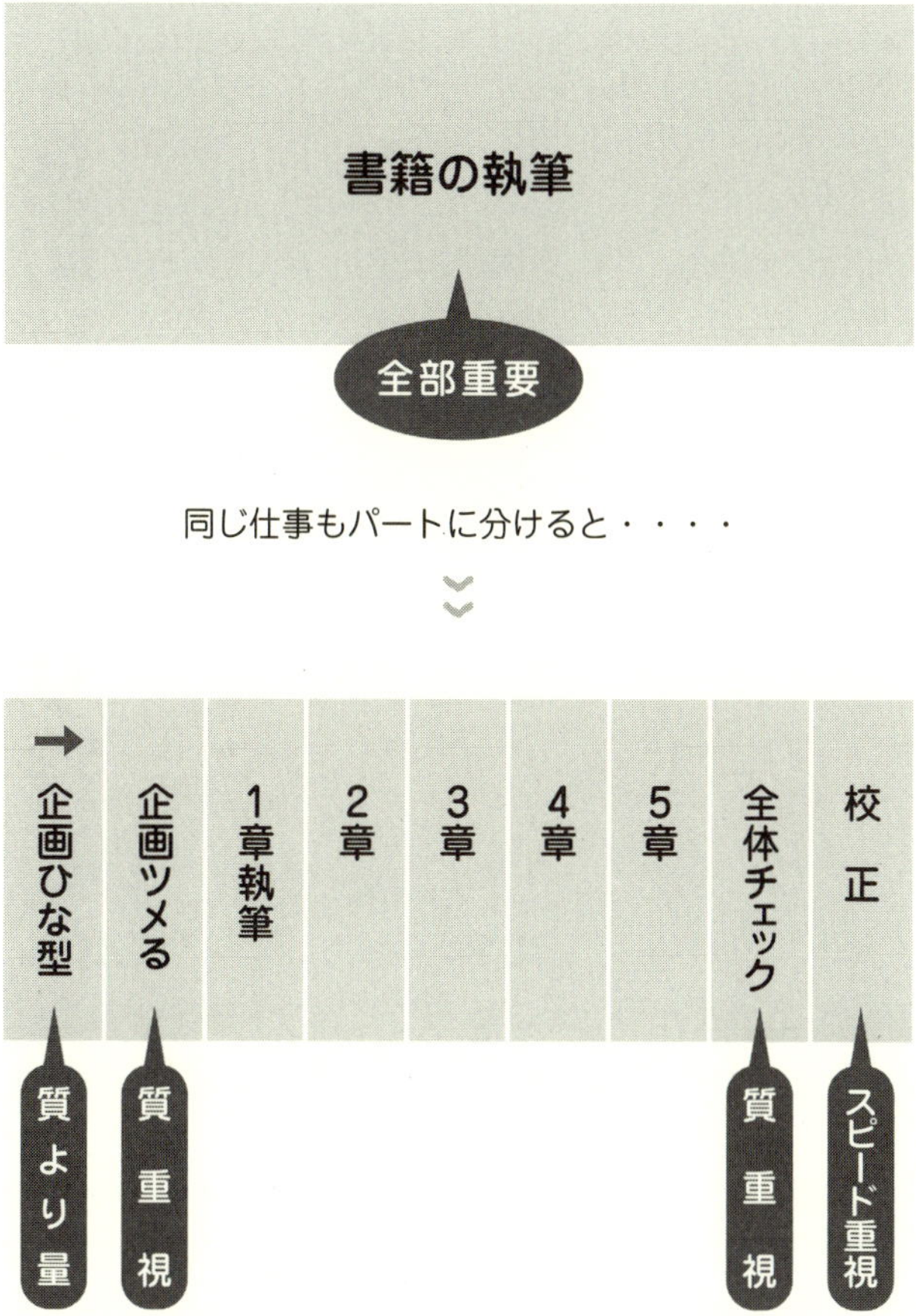
書籍の執筆
全部重要
同じ仕事もパートに分けると・・・・
企画ひな型
企画ツメる
1章執筆
2章
3章
4章
5章
全体チェック
校正
質より量
質重視
質重視
スピード重視

SECTION 4

見切りから切り捨てへ

見切るというのは、「80点のデキ具合で、もうそれ以上は〝上塗り〟になるために、やめていい作業、他人に任せていい作業、小仕事」をそれ以上やらないことをいいます。

たとえば私は、パワーポイントのスライドを用いてセミナーを行ないます。いわゆる「パワポ」のプレゼンをします。

このスライドには、細かなデータを必要としないラフなものも中にあります。

Simple、Shortが原則のプレゼンのスライドの中でも、たとえば「売上増大！」とか「時間ドロボウを克服！」「カミナリ療法！」という類の文字を、ポイント数を大きくしてバーンと出すことがあります。

いうまでもなくこれは「メリハリ」であって、受講者の目を覚ますためのインパクトがあればいいのです。

なので、

「背景の色はどうしようかな？」

「アニメーションはどうしようか？」

「ポイント数はやっぱり下げるかな、どうかな」

と、1時間も迷っていては、時間ドロボウとなるでしょう。

ですのでこれは、「いい加減なところで、切り上げて、次の作業にうつる」、つまりは、見切ること、が大切なわけです。


ここまでは、私のタイムマネジメントにおける〝造語〟といっていい〝見切りのテクニック〟ということです。

「すべてを100％完璧に」というと、やはり残業必至となってしまいますから、「仕事は見切らなくてはいけない」のです。

ここまでは、私が他の本でも説いてきていることです。

私はこの頃、さらに一歩進めたことを主張しています。

名づけて「切り捨て」です。

つまりは、そのことについては「何もしない」のですから、これは究極のタイムマネジメントといってもよいでしょう。

優先順位をつけたり、見切るというのは、とりあえずは80％のデキ、にしてもアクションはとるわけです。

しかし、切り捨てというのはそもそも始めから手をつけないので、かかる時間はゼロとなるのです。その分を、他の「あなたの大切な仕事」に向けたなら、当然仕事はスピーディーに仕上がります。

切り捨てができたなら、作業スピードはそのままであっても、結果は早く仕上がるわけです。なにしろ、始めからしない仕事、作業の分「浮く」のですから。

時代はもう、「見切り」などというのではなくて、「大切な仕事以外はしない」ということにして、**しなくてもいいことはしない**ことも考えるのです。

あなたは、必要でないこと、ただルーティンでしていることはありませんか？

始めからそれらを切り捨ててしまえば、その時間は確実にあなたのものになるのです。

SECTION 5

見切れない仕事

もちろん「80点のデキ」で次にうつってはいけない作業、仕事はあります。

私のやっている「人材育成」はそのひとつです。

人を育てるのに「80点でいい」ということはないのです。手を抜かず100％、力を出してやらなくてはいけません。

- **お金にからむこと**
- **個人情報**

これは特に、ここ何年か「見切れない仕事」になっています。

- **品質**

●**安全**
●**信頼**
というのもそうでしょう。

昨今の不祥事は、このような「見切れない仕事」を80点ですませてしまったり、ひどい場合は「手抜き」してしまったことで、騒がれているものが多いのです。

そして、「緊急度」に流されがちな仕事というのは、「見切る」「見切れない」「切り捨てる」「切り捨てられない」といった尺度によって、**重要度**に目が向けられることになります。

大切なのは、「重要な仕事」に日々いかに時間をかけていくのかということです。

タイムマネジメントのスキルは、それが大目的なのです。

SECTION 6

切り捨て5大ルール

では、どのような仕事が切り捨てOKなのか？　私は5大ルールにまとめてみました。
つまり、この5つは「切り捨てていい仕事」と思ってください。

①あなたでなくてもできる仕事
②明日でまったく問題のない仕事の多く
③慣習的な仕事のいくつか
④一時複事の仕事、作業の多く
⑤やるかやるまいか迷っている仕事

では、詳しくみてみましょう。

①あなたでなくてもできる仕事

誰でもある程度まではこなせる仕事を、何もあなたがわざわざプライムタイムをさいてやることはまったくありません。

「他人」に任せられるものは、極力任せてしまうことが望ましいのです。

といっても、「１００％任せる」というのは、ごく一部の首脳陣などに限られてくるでしょう。

あなたも「上司からふられた」仕事に、四苦八苦した体験はあるでしょう。

「他人に任すことのできる」のは、上司の特権のひとつといえます。それもタイムマネジメントの見地からしたら、とても大きなものです。

だから、「出世する」というのも、ただの上昇思考というのではなくて、長い目で見ると「自分の時間」「大切な仕事の時間」を確保するためには欠かせないものです。

●重要度、緊急度

●見切れるか見切れないか

という、優先順位づけのバロメーターがあります。

私は本書でこれに加えてひとつの尺度として「切り捨て」できるかどうかを加えたいのです。

この「切り捨て」の中でも、まっ先にしなくてはいけないのは、「あなたにしかできない仕事か」を見極めることです。

②明日でまったく問題のない仕事の多く

明日やっても同じ、というのは、重要度や緊急度はそう高くない仕事です。

これらは、もしかすると「切り捨て」られるかもしれないのです。

「そのうちやればいいかな」という仕事をもう一回見直してみましょう。すると、「別にやらなくてもいいか」という作業が必ず入っています。それも、意外に多いのです。

〝重要でない〟という前提であれば、「どちらから連絡してもいい」などというケースなら、あなたは「何もしなくていい」のです。どうしてもとなれば、先方から連絡がありますから。

ただし「重要でない」という前提ですよ。

中には「たち消え」てしまう仕事もあります。

これをあせって行なうと、何のことはない、「手間だけかけて時間のムダ」ということにもなりかねません。

あえて加えれば、時間ドロボウには探し物、長話のように「自分でつくり出す」ものと、電車のトラブル、上司からの割り込み仕事の一部のように、「相手がつくり出す」ものがあります。ここには会議のように、自分ではコントロールしにくいものもあるわけです。

さらにここに加えると、「やらなくてもいいことをしてしまう」というムダがあります。ですので、切り捨て上手になって、「のばしてもいいや」という仕事は、「やらない」ことも時には必要です。

少々乱暴ですが、3ケタを越すメールを毎日処理する人には、「個人名以外のメールは放っておく」という方法があります。

本当に重要度が高いものは必ず、本人あてに連絡がくるものです。メールを放っておいたとしても、本当に重要な案件なら、あとで電話など直接のコンタクトがくるものです。勇気のある人は、お試しあれ。

③慣習的な仕事のいくつか

すでに慣習となってしまって、自動的にスケジュールに入れてしまっていることはありませんか？

そのうちのいくつかは、本当は「やらなくてもいい」ことがあります。

たとえば、テーマが決まっている問題解決型のミーティングなら、重要度が高くて、切り捨てられないでしょう。ただし、ここでも「あなたの参加が不可欠か」を問い直すことは欠かせないでしょう。

切り捨て化のひとつの目安は、今のミーティングであれば、「定例会議」の類です。

「月曜の午後だから」とか「第3水曜日だから」といった、それがもしも「顔見せ」のみであるのなら、思い切って「切り捨て」ていいかもしれません。

この辺は「社風」もありますから、私が命じるわけにはいきませんが、ただ何の考えもなしに「定例だから」という感覚でいては、いつまでたっても切り捨てはできないと心得ましょう。

思い切って見直すのです。

繰り返しますが、ここいらは本人の判断力や〝社風〟もからまってきますね。

最近では、「朝礼」を廃してメールのみに徹するという会社も増えました。

私は逆に、朝礼は「マナー」、1日の「メリハリ」「ヤル気」「チームワーク」の面から、メールよりは朝礼を好ましいと思っていますから、社長なら廃止にはしませんが、このあたりを〝社風〟といったわけです。

いずれにしても、ただ考えもなしにズルズル行なうのだけは避けましょう。

④一時複事の仕事、作業の多く

「一時複事」の仕事とは、「ながら式」に、マルチタスクのできる、同時処理が可能な仕事、小作業です。

これらは、重要度が低いがために、併行して行なうことができるものです。

なので、これらはもしかしたら「別に今やらなくてもいい」↓「別に明日でなくてもいい」↓「本当はしなくてもいい」というものも含まれています。

私は、同時併行にいくつもの仕事をすることはありますが、その中には「やらなくてもいい」ことも入っています。

極端にいうと、曲を聴きながらテレビを観て、ネットも眺めながら、同時に仕事をしていることはあります。

この場合の曲、テレビ、ネットは、別に切り捨てても困らないわけです。

あなたの「仕事」に当てはめてみてください。

併行処理しているものの、実は「やる必要はない」「切り捨て可能」なものが必ず入っているものです。

⑤やるかやるまいか迷っている仕事

「やっておいたほうがいいかな？　どうしよう」と迷うことはありませんか？

実は本当に重要であったら、迷うことはないのです。すぐに着手するし、アクションプランを立てていくでしょう。

しかし、迷っているということは「やらなくてもいい」可能性があるわけです。

乱暴ですが、あえていいます。

「迷ったらするな」と。

これは、整理術でもそうでしょう。

まずは「捨てる」ことからすべてがスタートします。

後で使うかもしれないとしても、迷ったら捨てる、のが整理術のポイントです。

同じように、「切り捨て」に対してもとりくんでいきましょう。

「どうしようかな?」となったら、その時点でサッと手を引くのです。

そして、迷っている時間ももったいないので、サッサと他の大切な仕事に手をつけていってください。

どうですか。このような「切り捨て」を断行していくと、1日のうちに「あなたの自由になる時間」が増えるのが、おわかりでしょう。必然的に。

ですからくり返します。

「切り捨て」、つまり始めからやらないことこそ、究極のタイムマネジメントなのです。

SECTION 7

1週間単位の優先順位づけ

1日の「TO DOリスト」をつくっている人は多くいます。

が、その中の一部の人は、「時間がとられる」「面倒だ」と感じているかもしれません。

あなたがそうなら、思い切ってやめましょう。

エッ？　と思うでしょう。まったくやめるのではなくて、1日でなく1週間の長さのTODOリストにしてみてください。

これは仕事量にもよりますが、多くのビジネスパーソンは、これでぐっと楽に、あまり時間をとられることなく優先順位づけができます。

正確には、「TODOリスト＝優先順位」ではありません。

しかし、その日のうちに「するべきこと」というのは、どうしたって優先度が高いものを考えるでしょう。先述したような、ルーティンの中でも「パソコンの立ち上げ」とか、「机の整理」なら、特別に大きくてスケジュールに入るような年末の大掃除、整理以外はTO DOリストには書かないでいいのです。

なので「1日のTO DOリスト」には、「1日の中で優先度の高い仕事」が書かれます。

ところが、実際に1日のTO DOリストをつくっているセミナー参加者の中には、「(リストづくりに)時間がとられてしまう」「3日、4日にわたって続く仕事は毎日、やり残し感がある」などの弊害を訴える人が多いのです。

そんなとき私は、「1年を52週でとらえ、このスパンでタイムマネジメントすること」を主張しています。

これなら「1年でも52枚のTO DOリスト」ですみます。

なおかつ週間単位なら、仕事を全体展望した上で、優先度の高いモノを選ぶ「見識」も養われます。

また、仕事の達成感も、1日では終わらない仕事の「やり残し」ということではなくて、「今週はこれだけのことができた」という自信にもつながっていくのです。

1日で終わらずに翌日のTO DOリストに続くという1日単位のTO DOリスト。

そうではなくて、1週間単位のTO DOリストで、1週間という長さで優先順位づけをすることも考えてみてください。

これは「1日のTO DOリスト」と併用してはいけません。

そうすると、「リストづくり」に思いのほか時間をとられてしまい、あなたの大切な仕事に手が回らなくなり、リストが時間ドロボウになりかねません。

あくまでも1日か1週間どちらかを用いることです。

そして、手段の目的化をせずに、リストづくりは「10分」「15分まで」と時間を区切って、優先度の高い仕事にパッと着手していけば、あなたの仕事はグーンと効率的になりますよ。

5章

スケジュール必勝の立て方

SECTION 1

スケジュール作成5大ルール

私がタイムマネジメントのセミナーをしていますと、中には「スケジュールは立てない」という人がいます。

いわく「上司からの割り込み仕事があるので（スケジュールを立ててもムダ）」

「クレーム客や電話の応対が多いから、スケジュール通りにいかない（だから立てない）」

「めんどうくさいから」（これは論外かも）

といったような理由から、スケジュール作成を始めからあきらめてしまう人がいるのです。

比率は、驚くなかれ、20人いたら14、5人はいます。

また、「スケジュールを立てると時間にしばられてしまう」という人もいます。

しかし正しくは**スケジュールを立てないと、時間に追いかけまわされる**ということです。

では、どのようなスケジュールが実践的なのかをここに述べます。

これをヒントに、あなたなりの「使える」スケジュールを作成しましょう。

といっても、「アポ」とスケジュールは異なります。

アポは「13：00　A商店本部長」と、時刻を書くだけでしょう。

しかし、スケジュールというのは、仕事の段どりや、アポにしても「終わりの時間」までも、あらかじめ書いておくような「スキル」が欠かせません。

計画や仕事をやってみた後のフォローアップ修正、手直しまでも含まれるのがスケジュールなのです。

そこで、基本を5大ルールにまとめました。

これは、私が「今」セミナーでも教えている最新版です。

何度もいいますが、私の場合、本も研修も常にマイナーチェンジをくり返していますから、これがタイムマネジメントの今の私の進化型なのです。

①プライムタイムを自分でつくれ
②代替スケジュールを用意せよ
③上司・メンバー・イベントも含めよ
④考える時間を設けよ
⑤何といってもゆとりを

スケジュール作成では特にそうですが、あなた自身が時間の「主人公」にならなくてはいけません。

受け身ではなく、自分が主導権をもつのは鉄則だと思ってください。

では一項目ずつ考えていきましょう。

SECTION 2

プライムタイムを自分でつくれ

私は以前、プライムタイムに合わせてスケジュールを立てましょう、と指導してきました。今も、そのようにいう人もいます。

しかし、私が「午前中の2時間で一気に1日の仕事をかたづけてしまおう」と提唱する本を出しても、他のテーマの本と比較すると、賛同者はそう多く出ませんでした。

セミナーでも同様でした。「納得度」が少なかったのです。

詳しくセミナーの参加者に尋ねると、大半がこんな答えでした。

「たしかに、プライムタイムには仕事がはかどりますし、そこに自分の大切な仕事をスケジュールで組みこめというのが理想なのはわかります」

「理想？」

「そうなんですよ。わかってはいますが、ビジネスの場でそれは少々むずかしいんです。といいますのは、結構ウチは、その時間の会議が多いんですよ。それから上司に仕事を頼まれたり、来客やクレームで、あんまり現実には自分の自由にならないんです」

というわけです。つまり、プライムタイムにいい仕事をしたいのはわかりきっている、でも現実に会社の中で仕事をしている多くのビジネスパーソンは、「プライムタイムが使えない」ことが多いのです。

その後、指導を変えました。

「皆さん、メインのプライムタイムである午前中に優先度の高い仕事をする、この大切さはおわかりでしょう、組める方はそう組むようにしてください。

しかし、むずかしい方も多いでしょうから、午後にやって来るもうひとつのプライムタイムである〝サブ〟の時間帯を使いましょう。どうしても午前がムリなら、次善の策として午後のサブにもってくれれば、午前よりは少なくても、80％以上の成果はあがるはずですよ」

というようにして、メインとサブの2つのプライムタイムの活用ということで指導していました。これにはうなずく人も出てきて、自分では「まあいいかな」というアイディアのつもりでいました。

ところが、私自身にこういう仕事の依頼が来たのです。

「松本先生、大阪の○○研究所です。講演会を頼みたいのですが……」

といわれました。ところが、その時間は、「ウチの得意先の企業の方が仕事のあと聞けるように夜の7時半から2時間でお願いしたいのです」というのです。

さあどうしたらいいでしょうか？

これはメインの午前でも、サブの午後でもないのです。プライムタイムではありません。

「すみません、その時間は私のパフォーマンス度が下がりますから、やれません」とはいえません。それでは〝プロ〟失格でしょう。

もちろん私は受けました。これは、先述したように、私の大好きなボクシングのタイトルマッチに似ています。

時間も場所もあらかじめわかっています。ですので、そこに向けてピークにもっていくように、能力が出せるように、調整していくのです。

つまり究極は、プライムタイムは「あなた自身がつくり出す」ことで、あなたは時間に対して受け身でなく、主導権を持てるのです。

具体的には

●食事

●睡眠

を、夜7時半に備えてズラす、ことをしました。

夜なのですが、午後のサブのプライムタイムに近づくくらいに、少しずつ時間をズラしていって、まだ午後の感覚で夜に話せるように調整したのです。

●イメージトレーニング

もしました。講演で大拍手を受けている自分をくり返しイメージしました。

そして、これが大きいのですが、

●本番と同じ時間でリハーサル

もしました。

いつもはとっくに仕事の終わっている夜に、2時間話すトレーニングを重ねました。

といっても、フルに2時間でなくて、10分、15分と、その時間帯に「講演できる」だけの感覚をつかむためです。

そして当日、夜なのですがピークにもっていくことができて、私はホッとしました。

そこから再び「お願いします」という仕事の依頼があり、「自分でプライムタイムをつくる」ことの大切さがわかったのです。

ということで、プライムタイムに合わせてスケジュールが組めたら、①メイン（午前）、②サブ（午後）の能率の上がる時に、いい仕事を組みこんでください。

しかしそれができなかったら、あなた自身が「ここをプライムタイムにもっていこう」と固い決意でいくのです。要は気合いで、できますよ。

SECTION

3

代替スケジュールを用意せよ

私は、交渉術のセミナーも行なっています。

交渉術では、最悪の〝決裂〟を避けるためには、社内でも社外でも、「代替策」を用意するのが基本です。

そうしないと、「希望の条件にならない↓即、決裂」となってしまいます。

「もしもその価格でしたら、3台でなく10台にまとめてください」

「納期が10日先でいいのなら、考えます」

というように、〝条件を変える〟のは代案の立派なやり方です。

先述しましたが、代案というのは、交渉のみならず、スケジュール作成においても正しいのです。

つまり、スケジュールが「ひとつだけ」だと、万一そのスケジュールが変更になった時、すべきことがなくなってしまいます。

つまり、「やることがない」という状態になりかねません。

もちろん、すべてのスケジュール代案を用意する必要はありません。

そこまですると「手段の目的化」となってしまい、本来はいざという時の〝保険〟のはずの代案が、本格的に時間をかけて考えすぎることで時間ドロボウになってしまいます。

なので、「これぞ」という大仕事や、地方に出かけていったとしたら、万一それがなくなったり変更になったり〝どうしようもない〟という仕事には、必ず代案を準備してください。

仮に、遠くの仕事に出かけて、その地方にはA社とB社の得意先があったとします。

「もしもA社の田中部長が急病や不在だと大変だから、万一の時にはB社にあいさつ回りをしておこう」

とか
「万一会えないケースには、その地区に5軒の飛び込みセールスをしようか」
というようなことをあらかじめ決めておくわけです。

先述したように、若い時に、ドタキャンをよくされました。それだけ〝本命〟ではないということでしょうが。

私は、自衛策として、万一のドタキャンに備えて、友人に電話したことがあります。

「斎藤君元気？　久しぶり。もしかしたら今晩、近くを営業で通るから、時間つくれるかもしれないんだ。よければ、その時は連絡するから、一杯いけない？」

「今日は残業もなさそうだからいいよ。もし大丈夫そうなら、電話くれるかな」

ということで、あらかじめ〝約束〟をとりつけておきました。


今ならさしずめメールでしょうが、約束を電話するのは風情があった気もします。

古い話ですが、山口百恵の〝赤い〟シリーズで、相手の家に行ったら不在で、メモを扉に貼りつけるというシーンがありました。今では考えられませんね。まあ、余談です。

そして案の定といいますか、彼女からドタキャンの電話がきました。

「マッちゃん、ゴメン、今日同期の飲み会が入っちゃって……」

「同期の飲み会以下か」というつっこみはぐっとガマンして、私はいいました。

「ううん、いいよ、またね」

それまでは、ドタキャンされると悔しがったり、時間をもてあましていたのですが、その時は嬉しかったです。

「しばらくぶりに友人と楽しくすごせる」というわけです。

スケジュールを組んでも意味がない、変更が多い、急な仕事が入る、という人は、まずは「代案」「代替」スケジュールをもつことを心がけてください。

SECTION

4 ▼上司・メンバー・イベントも含めよ▲

「ちょっと頼むよ、松本君」

という上司からの頼まれ、割り込み仕事によって、スケジュール通りにいかなかった、という体験はおありでしょう。

私がタイムマネジメントのセミナーをすると、半分以上の方は「体験あり」といいます。

だから、「スケジュール立ててもムダなんですよ」というのは、短絡的すぎますよ。

本社から人が来ているとか、全社的なイベントの最中には、上司が駆り出されての代理仕事、頼まれ仕事は増えるものです。

上司に限らず、メンバーのスケジュールもつかんでおかないと、この手の「割り込み」

がなくなることはありません。

このような割り込み仕事でのスケジュール変更を防ぐにはどうしたらいいでしょうか?

相手は上司でもメンバーでも、自分の仕事をかかえています。

ですから、「仕事をふるな」「仕事を頼んでくるな」というのは、土台ムリなことです。

相手にも都合はあるのです。

ただ、対応策はとれます。

それは、**上司やメンバーの忙しい時期に、自分の大切な仕事の時間を重ねない**、ということです。

つまり、あらかじめ自分のスケジュールに影響を与えそうなイベントや上司・メンバーのスケジュールも含めて、あなたのスケジュールはあるのです。

あなたにとって、重要なキーパーソン、ステイクホルダーズと呼ばれる人々のスケジュールは、あなたのスケジュールに影響してくるものです。

ですから、スケジュールはあなたのものであっても、自分1人だけのスケジュールを考えてはなりません。

常に、スケジュール作成の時点で、周囲との兼ね合いも視野に入れてこそ、実践的なスケジュールになるのです。

あとは「私は大切な仕事の最中です」ということを周囲に知らせることも考えておいてください。

ＰＣの横にポストイットで貼り出すとか、あえて「今日は忙しいんだよね」と口に出すようにして、「その時間」「その日」だけは、じゃまされたくないというアピールもしてみてください。

SECTION 5

考える時間を設けよ

スケジュールの中に、あえて盛り込むべきなのは「考える時間」です。これはもう、絶対に。

私は「仕事に追われる人」になってほしくないと、タイムマネジメントのセミナーで力説しています。

しかし、「効率化」のみを考えて仕事していると、どうしても「スピードのみ」を競うようになります。「他の人」とではなくて、自分とレースしてしまいます。

「もっと早く仕上げるにはどうしたらいいか」
「もっと早く、もっとスピーディーに」

とやっていくと、デジタル一辺倒となってしまい、結果としてアナログのよさ、必要性に目が行かなくなることもあります。

- **漢字の書けない人の増加**
- **手紙で人の心をうつことの大切さ**
- **手書きによって〝脳力〟が開発される**
- **アイディアを紙に〝書く〟ことによって発想が拡がる**
- **サッとメモをとることの大切さ**
- **電話ですむこと、直接会うべき時でもメールをしてしまう愚**

と、アナログの特長に目を向けて、そのよさは評価しなくてはいけません。

ちなみに私は120冊以上の著書をすべて手書きしていますが、「手書きが能力を伸ばす」と確信して、本年以降「スピードライティング」を提唱していく予定です。

また、夢を書くと、モチベーションが上がる、行動につながるというだけでなく「手で書く」ことそのものが、夢の実現に大きく作用するとも考えています。

書く行為は別にしても、スケジュールも、ただ「仕事のみ」にしてはなりません。

必ず「考える時間」は、スケジュールの中にしっかりと入れておくべきなのです。

●人生について
●仕事について
●スケジュールについて
●家族のこと
●自己啓発のこと
●健康のこと

など、あなたはしっかりと、仕事の合間にも必ず時間をとって、考えなくてはいけません。

あるコンピュータ会社でいうように、「THINK!」というのは、スケジュール作成の中でも、必ずとっておかなくてはいけない時間なのです。

私は、「考える時間」「企画を立てる時間」また、場合によっては緊急の「原稿書き」（今は、プライムタイム以外に書くことはまずないのですが）などの時間をとるために、出張の大半は「新幹線」です。

もちろんスピードは飛行機のほうが速いのですが、「考える」だけの十分な時間があるかといったら、むしろ不十分です。

遅いほうが「考える時間が十分にとれる」ので、当分、新幹線での移動を私は続けていくでしょう。


ですので、スケジュールの中に「考える」という部分はぜひとも設けてみてください。


効率化は大切、されどスピードがあればいいのではありません。

あえて立ち止まり、「じっくり考える」ことは、仕事の質を高めて、さらには「人生」の質を高めていくのにも欠かせないことなのです。

SECTION 6

何といってもゆとりを

スケジュールには、ゆとりを持つことです。もちろん、「空けすぎ」「ゆとりのとりすぎ」は禁物です。それは、ダラダラと仕事をする元凶にもなりがちです。

私たちには「デッドライン効果」のように、しめ切りがせまるとやる気が高まり、集中して成果も出やすい傾向があります。

なので、やや「きつめ」にするのがいけないとはいいません。

ただ、あまりに「つめこみ」ますと、**ひとつズレると他がすべてズレこむ**ということになりかねません。

他でもよく出す事例なので細かくは触れませんが、私は研修がオフの日は、朝から出版社、雑誌社の方と打ち合わせることがあります。「つめこみ」で。

そして、私の大好きな格闘技や韓国ドラマの話がはずみすぎて、何回か次の約束の人すべてに遅れることをあやまるメール、TELをしたことがあります。「ゆとりをもってスケジュールを組んでいないため」というのが大きな理由です。


ゆとりをとりすぎてダラダラするという理由で「ゆとりはもつな」「ギッシリつめろ」というのはあまりに乱暴な言い方でしょう。


ゆとりはなくてはいけません、それはスケジュールもそうですし、「人生」も。

私の先輩が大病しました。それこそ生死ギリギリのところから生還しました。

そして、快気祝いの席でしみじみというのです。

「もしもここで死んでしまったら、今まで働いてきたこと、何よりも仕事を最優先してきたことの意味は何だったのか、そう思ったよ」

そしてその先輩は、気のおけない友人と、ゆっくりと語り合い、家族とすごし、好きな国へ行って楽しむような「人生のゆとり」の大切さを口にするのでした。

私は実は、20代から外国をフラフラして、好きなことばかりやってきました。年と共に増々、「好きなことしかしない」「楽しい仕事しかしない」という傾向は、顕著になってきています。

なので、この先輩のいうような「人生のゆとり」をあえてしみじみということはありません、もうすでにゆとりの人生なので。

さて、スケジュールも、人生と似ています。「ゆとり」は大切なのです。

あえて「何もしない」という時間も設けていいのです。

これはスケジュールが空いている、というのではなくて、わざと、意識して「何もしない」というのをスケジュールに組みこんでおくのです。

ゆとりとはイコール「余裕」でもあります。余裕のあるスケジュールで仕事をする人は、余裕の表情、態度で仕事ができ、それは人からは「自信」に見られます。

ゆとりは自信をつくる、私はそう思うのです。

SECTION 7

ついで仕事を入れよ

集中してやらなくてもいい仕事なら、「ながら仕事」はいいことです、格好つけると、「マルチタスク」のすすめです。

もともと、集中しなくてはいけない難易度の高い仕事というのはあります。それは、他の仕事と一緒にできるものではありません。

これを「一時一事」の仕事と呼びます。

これに対して、ルーティンワークや、手慣れていて楽にできる仕事は、併行して行なうことも可能です。先述したように、これを「一時複事」の仕事といいます。

このように、ひとつの仕事に集中して行なうことと、ながら式に行なう仕事のメリハリをつけると、思いの他、長い時間仕事をしても疲れないものです。

〝ながら仕事〟の他に、私が〝ついで仕事〟と呼んでいるものがあります。

つまり「ついでにできる仕事、作業」は、場合によってはプライベートであったとしても「ついで」にできるのならしてしまうのです。

たとえば、他部署に資料を取りに行ったり、届けにいく「ついで」に、他の用件の話もしてきてしまう。

パワーポイントで今週のプレゼン資料を作成した「ついで」に、来週の資料もつくってしまう。

ひとつのやり方は、ひとつの似た仕事であれば、時間を決めて「ついでにしてしまう」というのはいいやり方です。

たとえば、A社にアポとりの電話をしたとしましょう。

仕事のデキない、タイムマネジメントの下手な人は「ついで」に何もしません。

しかし、デキる人、タイムマネジメントの上手な人というのは、この時に考えます。

「そうだ、ついでにB社、C社のアポもとってしまおう」と考えます。

つまり、「ついで電話」をしてしまいます。

同じ時間にまとめて「ついでメール」ということもありますし、「ついでファイル作成」「ついでファイル探し」などついでに何かの作業をまとめてしてしまうやり方です。

これは、いきなり仕事でやらずに、プライベートでリハーサルしておくとよいでしょう。

「今日は買い物にSスーパーに行くけど、ついでに買う物はないかな?」と考えてリスト化してみる。

「デパートにお歳暮を送りに行くけど、何かついでにやることあるかな?」と考える。

「妻から食器洗いをたのまれたけど、ついでに何かできないかな」と考え、やってみる。

こんな小さなことでも、あなたの「何がついでにできるのか」と考える習慣づけとなります。

あなたは、今日、何を「ついでに」やるのでしょうか?

SECTION 8

自分アポのすすめ

あなたに、取引先から電話が来たと考えてください。

「松本さん、来週空いている日はありますか？　ちょっとプレゼンに来て欲しいんですが……」

仮に月曜の午後が空いていたら、あなたは「月曜の午後はいかがですか？」というでしょう。これで月曜日は埋まったとします。

他の客先から、「来週空いた日は？」といわれたら、あなたは埋まった月曜以外の日を提示します。

すると、そこはまた、埋まっていって……。

このくり返しで、大まかな1週間が決まります。同じように、1ケ月、1年と経過するでしょう。

これはアポのみならず、頼まれた仕事とか、会議でもそうです。

ですので、おかしなことに「空いた時間に自分の大切な仕事を入れていく」ということは、常に、相手主導であなたの大切な仕事の時間は埋まっていっていませんか？

これでは、思うように仕事の成果があがらなくて当たり前とはいえないでしょうか。

大切なのはまったく逆に、あなた主導で仕事を進めていくということです。

そのためにすべきは、上司や取引先というような相手から〝アポ〟をとられていく前に、自分で先に自分のアポを入れる、ということなのです。

つまり、「この時間は自分の大切な仕事をする」と決めた1日のコアとなる時間は、極力他のじゃまを入れないようにします。

このように、電話や来客からも逃れて、一切の連絡をつながないで仕事に集中することを「タイムロック」という言い方もします。

自分アポを入れて、そこはタイムロックしてしまうことによって、あなたの仕事の成果はグーンと上がっていくのです。

タイムロックというのは、ある意味「居留守」ですので、周囲の協力は必要です。

また、15分、20分という短時間に限りましょう。会社の中で何時間もの「居留守」は、他社の人にとっては迷惑ですが、15分、20分なら「会議中です」といってもらっても、悪くはないのです。

大切なことは、あなただけの集中できる時間を、1日の中で15分でも20分でも、しっかりと確保することです。

自分でまっ先に自分の仕事の時間、アポを入れる

←

自分アポ

集中して仕事できる20分間は、一切の電話・来客をとりつがない

↓

タイムロック

この2つのスキルで、あなたのやるべき仕事を、着実にやりとげましょう。

6章

1日が2倍になる
時間意識の高め方

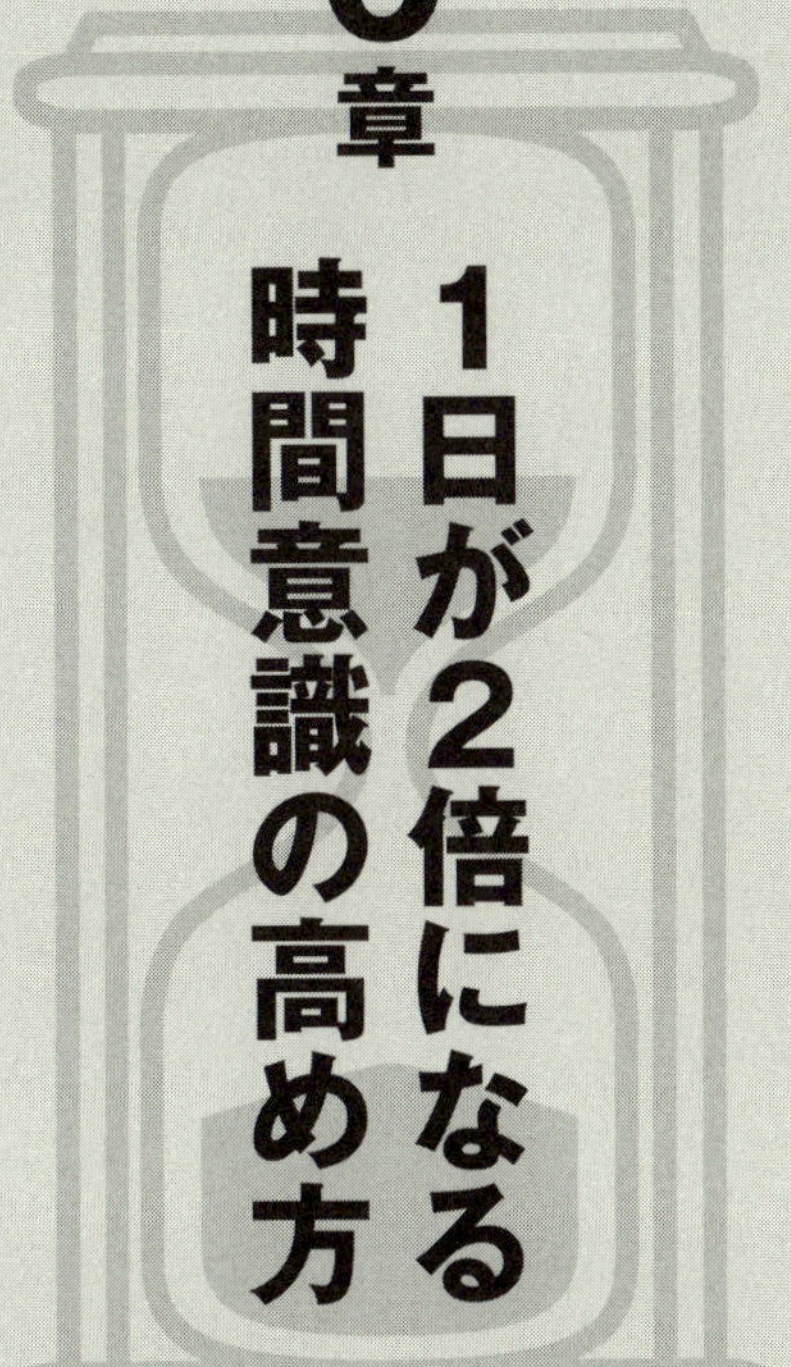

SECTION 1

時間意識がないと成果は出ない

私は今、「短眠法」をテーマに、研究して指導を始めているところです。「深く、短く眠る」ことによって、能力が発揮されて、今よりも活動的になれます。

具体的には

- **夜のメインの睡眠を3～4時間にする**
- **昼間に数回の瞑想、うたた寝などで1時間補う**

メインとサブを併せて、4時間のナポレオン睡眠を実現させようという考え方です。

そのための食事やストレスのコントロール法、体の歪みのとり方なども考えてもらいます。

さて、この短眠法を実行すると、どんな人でも今までより30分とか1時間とか早く目が覚めます。

私も徹底したら、予定より1時間早くパッと目が覚めることも多くあります。まあ、私の場合年のせいでしょうか？

ただ、ポイントは、このようにして「浮いた時間」を何に使うのかという意識ではありませんか？

私はタイムマネジメントの研修で、いつも必ず始めに「時間意識を高めなさい！」としつこくいいます。

というのは、この意識が高まりませんと、どのようなスキルも極端にいうと無意味、になりかねないからです。

たとえばあなたは、「出社して即」仕事にとりかかっていますか？

必要以上にネットサーフィンをしたり、コーヒーを飲む、新聞を読むなどして、なかなか仕事を始めないのではありませんか？

あるいは、出社してから机の整理という人はいないでしょうか。これは本来、前の日に帰る時に、3分のかたづけですむことなのです。それをしないから、翌朝やることになっていて、「段取り」がよくないのです。

出社して即仕事のできない人は、本番の仕事でも、段取りが悪いことは多いのです。

「一事が万事」といいます。

朝出社してモタモタする人は、仕事も失礼ながらモタモタしていますよ。

根本は〝時間意識のなさ〟なのです。

あなたは「いや、1日24時間もあるんだから、そんなにガツガツしなでいい」というかもしれません。

はっきりいって、〝甘い〟ですよ。

睡眠、身支度、通勤、身だしなみ、食事、休憩……すべて差し引いてみてください。

本当にあなたが「大切な仕事」に費やせるのは、そんなに多くはないはずです。「時間意識」が高まらないと、いくら浮いた時間があったとしてもムダにすごしてしまうのです。

そしてこれは、「あなた1人」にとどまっていたらまだマシでしょう。

ところが、周囲の人にまでこの時間意識のなさが広がってしまいますと、あなたの所属している部署、オーバーにいうと会社全体まで汚染されてしまうのです。

その汚染とは、先述したような「時間ドロボウ」のバイ菌です。

つまり、「他人の時間を奪う」こととなります。

SECTION 2

他人の時間ドロボウにはなるな

あなただけならまだしも、人の時間を奪うというのは避けたいことです。

しかし、これは昔も今も、あい変わらず見聞きするところです。

つまり、仕事の効率化でせっかく「時短」してみても、周囲の人の時間を奪ってしまったなら、ここで〝帳消し〟になるくらいに、他人の時間ドロボウは恐ろしいものです。

- 長話
- 長電話
- 要領を得ない「ホウ、レン、ソウ」
- 度重なる質問
- 不必要に長いメール

- **決断が遅い**
- **仕事が遅い**
- **ダラダラ残業**

など、思い当たるものはありませんか？

あなたが、長文メールを送ると、読み手の時間を奪ってしまいます。

- **本文は3行以内**

というような、周囲の時間ドロボウにならないためのルールを設けることです。

- **電話は長くても3分**

というように、やはり時間を切る、これをしないとダラダラとなってしまうのです。

他も同じで、あなたなりに、どうしたら他人の時間を奪わないですむか、考えて実行していきましょう。

中でも「コミュニケーション系」は、上手に工夫して実行していかないと、二度手間三度手間が発生します。

よくありませんか？　「えっ、聞いていません」とか「たしかに言ったはず」などということで、結局同じことを何回も伝えるようなことは。

もちろんこれは「伝え方」「聞き方」両方が大切なので、**誤解を招かない伝え方のスキル、傾聴のスキル**を磨き高めることも欠かせません。

正しく伝えるためには

- **結論を先にいう**
- **ポイントは3つにまとめる**
- **大切な点はくり返す**

というように、可能な限り、相手にわかりやすく伝えることを心がけてください。

正しく聞くためには

- **メモをとる**
- **復唱する**
- **質問する**

ことによって、ミスを防ぐ努力をしなくてはなりません。

タイムマネジメントとコミュニケーションは、異質ではありますが、切り離すことはできないのです。

また、時間意識の高い人は、人に頼む・任せる、あるいは場合によっては「ノーという」ことによって自分だけの大切な時間を生み出しているのです。

そして、**他人の時間を奪わないこと**も心がけて、部内・会社が全体の生産性を上げるのです。

SECTION 3

3分の重さを知れ

1日を2倍に使う人は、「1日」という長さではなくて、〝小さな時間〟の使い方が上手なものです。その結果として、1日が長くなる。有効活用できるということになります。違う言い方をすれば、「小さな時間」の使い方の達人は「大きな時間」も上手に使えます。

私は、時間活用の研修では、「3分間」に目を向けて、体感してもらっています。ストップウォッチで計るのですが、研修の受講者には時計を見せません。「3分たったと思ったら手を挙げてください」といいます。

ところが、正確にピタッと3分、という人はまずいません。頭の中で数を数えているような人でも、ピッタリとはいかないのです。

仕事をかかえすぎてバタバタしている人、競合が激しく、日々心をすり減らすくらいに〝戦い〟の多い人。

おしなべて外資系。

部下がたくさんいる人。

などは、2分前後でパッと手を挙げています。

私は、「大変だな」とも思いますし、「気の毒」な気もするのですが、時間意識は高くないといっていいのです。

仕事に追われている感覚なわけで、口癖は「忙しい」です。

少なくとも、のんびりできるような心のゆとりをもっていたなら、2分で「もう3分だ」と思ったりはしないのです。

「3分」では、大きな仕事はもちろんできません。

しかし、3分の重みを知ったなら、「ムダな時間を省く」ようになります。これは、他人の時間も自分の時間も「ドロボウしない」ということになります。

3分の重みを知ること自体は、決して大きなことではありません。

しかし、くり返しますように「小さな時間」、具体的には「3分を大切に」して、「正確に3分」という感覚をもっている人が、1日を2倍に使えます。

ここで少し立ち止まって考えてみてください。

「はたして、自分は3分でどんなことができるだろうか？」

ということを。

大きな仕事はできなくても、そのパート、そのまたパートくらいの小作業はできるでしょう。

その積み重ねが大きな仕事につながっていくのです。

メールの大量処理や、時間のかかる返信はできないかもしれません。

しかし、チェックして、ふるい分けるくらいの作業はできるのです。あるいはたくさんの返信はできなくても、簡単な内容なら、何通かの処理はできるでしょう。

電話も、商談まではムリでも、アポとりなら可能でしょう。

メールや電話は一例ですが、3分でできることは「プライベート」も含めたなら、結構多くありますよ。

これは仕事に限らなくてもいいのです。

ここで、あなたが「3分でできること」は何なのか、思い浮かべてみてください。

仕事のみならず、プライベートや、身だしなみのような小作業も含めてです。

あまりこのような「3分」という長さは、日頃意識していないかもしれません。

しかし、このように「端数」の時間に目を向けていくことから、あなたの時間意識は高まっていくのです。

まずは、いつでも手元にストップウォッチを置いてください。

そして、小さな作業は計測してみましょう。果たして、「3分」でどんなことができるでしょうか？

こんな小事から、あなたの時間意識は、間違いなく高まっていくものです。

SECTION

4 人生を全体展望せよ

時間意識を高めるためには

- **時は金なりと思うこと**
- **スキマ時間もムダにしないこと**
- **常にストップウォッチを持ち計測すること**
- **優先順位をつけること**

などのスキルを用いて、考え方を変えていくことは大切です。

そして、一番欠かせないのはむしろ、目先ではなくて「人生」のすべてを見通すような人生の全体展望をしてみることです。

このあたりは、〝ライフサイクル〟などといわれていまして、生まれてから死ぬまでをグラフにしたものです。

たて軸に「能力発揮の度合い」、横軸に年令をとります。

人生80年を越えましたので、年令を横軸にとると、右肩上がりでピークに至り、中年以降、つまり40歳以降は下り坂ということにもなりかねません。

しかし、これでは人生、楽しくもないしやる気もなくなり、仕事の成果も出ないでしょう。では、このライフサイクル、人生の全体を眺める「見方」を変えることは可能でしょうか？


私は可能だと思い、セミナーでもそのように伝えています。

では、どのような見方にしたらいいかといいますと「上り坂」のままいきたいのです。

「ずっと右肩上がり」です。


ひとつは「年輪型」を考えることです。

これは右上がりというのではなくて、大樹の年輪をイメージしてください。

年と共に、どんどん年輪は大きくなって、広がりをもちます。

なので、これは、年をとるほど重なっていって立派になるので、前向きになれます。

もうひとつは、私はなんとか「上昇」「前向き」「やる気」をもって人生にとりくむための「ライフサイクル」を考えていました。

すると、哺乳類の生物は「成熟年齢」の５倍の寿命をもっているという説がありました。

犬や猫は成熟年齢が短かいために、人よりは早く死んでしまいます。

しかし、人の場合、上手にストレスコントロールして、食事、睡眠もうまくとっていくと、成熟年齢であるとされる25歳の５倍、つまり１２５歳までも可能というのです。

これが事実かどうかは実はどうでもいいのです。少なくとも「１２５歳」と信じてしまえば、まだまだ先は長く、日々充実して生きていけます。

人生の全体展望とはそんなもので、長く生きるのだと決めたら、そこから新しい人生がスタートします。

「今日は残された人生の始まりの日」ということばがあります。

ライフサイクル

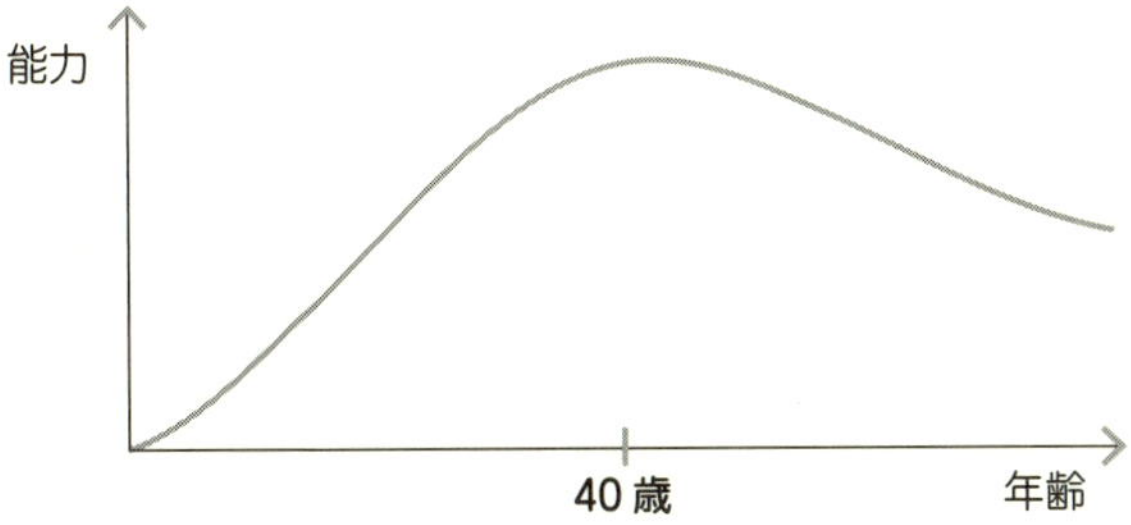

年輪型

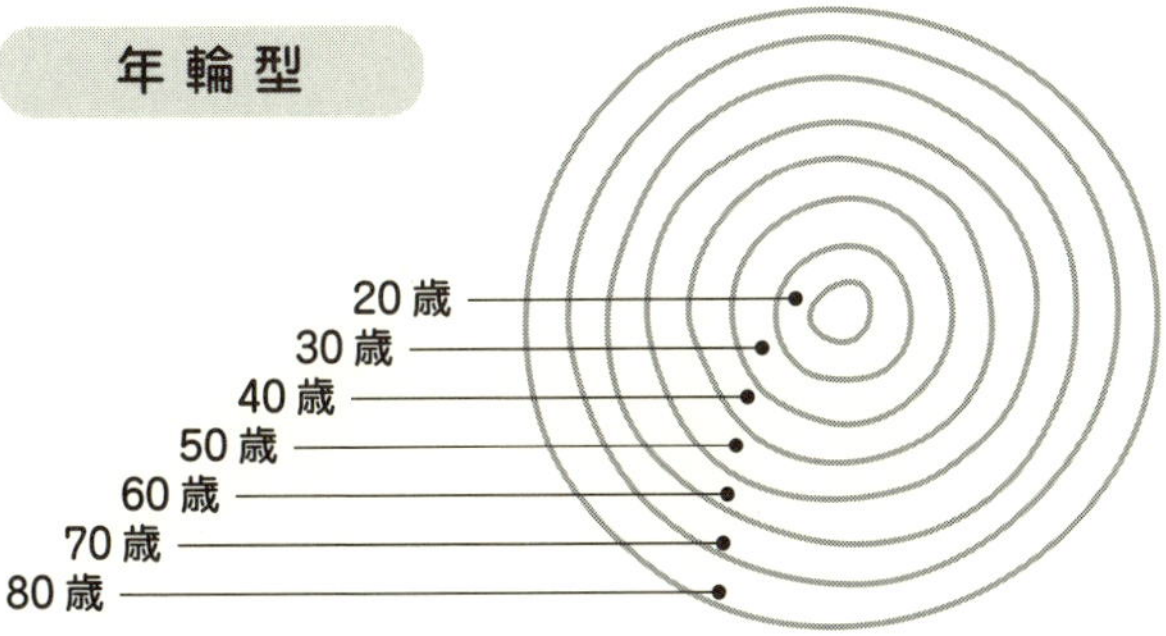

成熟年齢の5倍

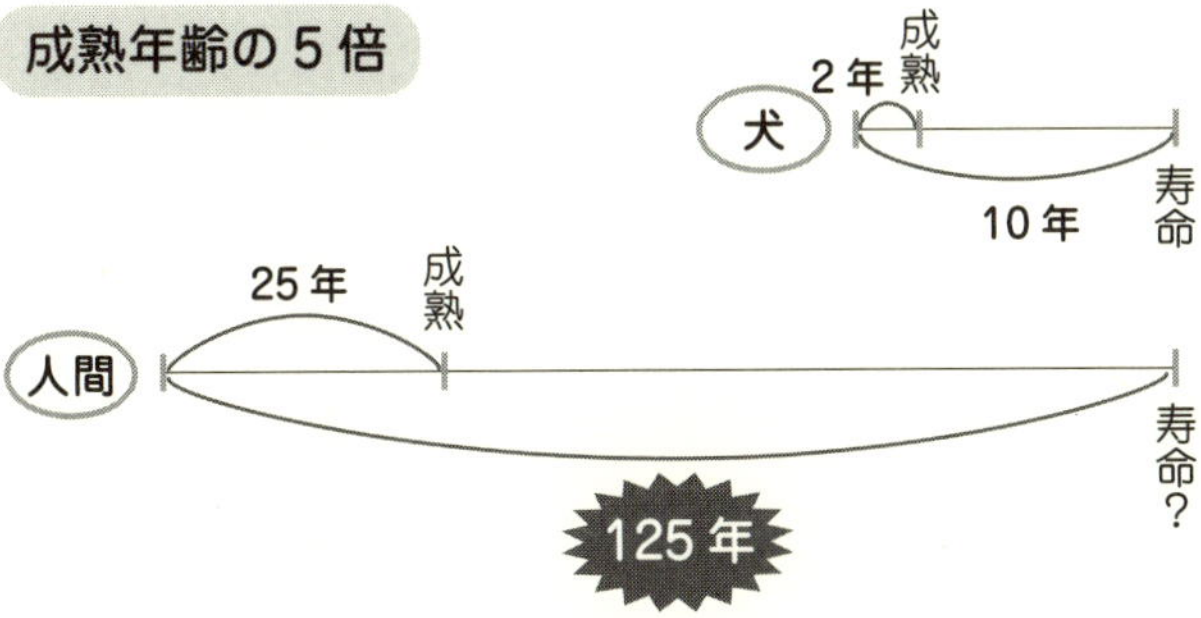

もしも「125歳」と決めると、そこに向けての最初の日、あなたは何をしますか？

人生80年とすると、40歳すぎたら「もうトシだから」「今さら勉強なんてできない……」「もう遅い」などと考えかねません。

そして、そういうところからは何の生産的な活動は生まれてこないでしょう。

しかしどうでしょうか。さらに45年プラスされた125歳なら、まだまだやりたいこと、やるべきことは出てくるものです。

私のタイムマネジメント研修でも、年齢が高いクラスでは「フルマラソンを走る」「TOEIC850点」「空手の黒帯をとる」「司法試験合格」というように、挑戦的な目標をもつ人が多くいます。

それは、「125歳まで生きる」という、肯定的で力を与えてくれる人生の全体展望をするからです。

SECTION 5

時間意識を高める3つの方法

仕事の準備の中で、日々くり返していくことで時間意識を高めるやり方があります。

次の3つのことを、くり返し行なってみましょう。

①プレゼンのリハーサル
②営業のイメージトレーニング
③前日の段取り

では詳しく考えていきます。

①プレゼンのリハーサル

これは、プレゼンテーションのスキルを身につけるのが目的ではありません。

プレゼンの持ち時間が何分あるのか？

それに合わせてリハーサルをしていく中で、あたかもマイルストーンのように「問題提起を始めの5分、次に弊害、解決策を15分で、成果と強調を5分」と、全体のストーリーと時間配分を考えます。

そして、ストップウォッチを片手に、進行を計りながら声に出してプレゼンのリハーサルを行なうのです。これをくり返していると、集中することができて、時間の意識が鋭くなっていくものです。

また、「あがり」も克服できます。なぜそういえるのかというと、私がこれで克服できたからです。もちろんここでのメインは、時間意識を鋭くすることです。

②営業のイメージトレーニング

これは、セールストークのトレーニングではありません。

きちんと、時間通りに営業が進行しているのかを考えて、「時間中心」のイメージを頭の中に浮かべます。

タイミングとしては、「寝る前」に翌日の営業のイメージトレーニングをしておきます。

「えーと、10時30分に営業部長のA氏に会って、世間話3分、そのあと新製品の説明と質疑応答に17分。20分の間にピタリと商談をまとめたいな。そしてクロージング3分以内。計23分」

という流れを、頭の中で始めから終わりまでをしっかりイメージして寝るのです。

これは、あなたの営業力を高めることにもつながりますし、併せてあなたの時間意識も高くなるのです。

③前日の段取り

これは翌日の「1日」を通しで、段取りを考えます。

朝起床してから、身支度、情報収集、通勤。そして出社したあとも、どんな1日なのかを前日にしっかりとスケジュールを立てて、手順をイメージします。

これも、仕事のやり方どうこうではなくて、あくまでも「時間」を中心にして、仕事の組み方、流れを考えておくのです。

簡単で時間をとりませんから、この3つをずっと毎日くり返していってください。側面からあなたの仕事力を高めてくれますし、何よりも時間意識が高まるのです。

SECTION 6

ROIと常に唱えよ

企業でいつも考えておくべき〝土台〟になるのは「ROI」でしょう。「Return On Investment」、つまり投資効果を高めよというわけです。

時間意識というのは、ROIに結びついた時に本当に役立つ力になってくれます。ただ意識を高めるのではなく、常に投資効果を考えましょう。

私は仕事でビジネス書を読みますが、もともと速読なので、あまり時間はとられません。が、それでも

「この時間をかけて、いったいどのくらいの効果があるのか?」

「本当にこの読書で成果につながるのだろうか?」

ということは自問自答しています。

ROIは、ややもすると、日々の作業に追われて忘れてしまいがちです。

つまり、緊急な仕事にやみくもにとりくんでみたり、忙しさに埋没してしまうように、バタバタと仕事をすることになります。

これでは、3年たっても5年たっても、大きな成果を確実に出すようなプロとはほど遠いのです。

一番、ROIのことを忘れないでいるためには、ただ頭で考えていただけでは不十分なのですよ。

バカにせずに、あたかもスポーツ選手が気合いを入れるように口に出して唱えるのです。

何を唱えたらいいのかというと、それはそのまま「アール・オー・アイ、アール・オー・アイ……」と唱えてみましょう。口に出して唱えると、それはそのままあなた自身の耳にも入ってくるわけです。

これは、あなたの潜在意識に着実に入っていって、そのインプットが、あなたの日々の

〝無意識〟の行動さえも変えてしまうのです。

「ROI、ROI」と毎日口にしていると、何かアクションをとる時に「投資効果を高めるにはどうしたらいいか？」とサッと考えて動くようになります。

●自分のプライムタイムだろうか？
●人に任せたほうがいいのでは？
●優先順位は高いのか？
●作業スピードは上がっているか？

などのことを、パッと瞬時に判断して、〝行動する人〟となることができます。

口に出すことばは、古来〝言霊〟というくらいで、それがそのまま力をもつのです。

私がいつも主張しているように「書く」ことそのものが、夢の実現につながりますし、能力を高めてくれます。

同様に、口に出して唱えることは、これまた、大きな力をあなたに与えてくれます。

SECTION 7

手帳を日に10回以上眺めよ

私は手帳やノートを日に何十回となく眺めています。なぜでしょうか？
それは、手帳を眺めて、頭の中で考えていると必ず**時間意識が高まる**からです。

手帳というと、年末や年度末は、切り換えのシーズンでしょう。
この時期に私は手帳の本を2冊出版しました。また、手帳術の取材も多くなります。

私の場合、デジタルとアナログの使い分けもしています。

創造→アナログ

（メモをとる、ノートに書く、絵、イラストにする等）

管理→デジタル
（住所録、ファイル、データ類）
としています。
ですので、手帳のアドレス欄は不必要で、これはデジタルで管理しています。
ちなみに、名刺20枚くらいは
●よく使う人、チェックする人
●最近会った人
に限って、そのまま持ち歩いています。
また、携帯も、管理ツールとして併用しています。

さて、私はここで「手帳を日に10回以上開く」ことを勧めています。

アイディアのもとになるのは、メモ、アイディアのノート、思いつきの類です。
これは、手帳に書くべきことです。
なぜなら、常に携帯して何回も見直すことで、メモしておいたまったく他のアイディアと結びつくようなことにもなるからです。

私が勧める手帳とは、現実にはノートと併用しているものです。


本来、スケジュール管理は「デジタル」でいいのです。

しかし、あえて時間意識を高めるという目的のために、私は長年愛用しているブランド物の手帳を手ばなさず、身につけています。

そして、ちょっとしたスキマ時間や、仕事の合間にも、何度も見直します。


「忙しいな。自分は売れっ子の研修講師だからな！」

などとニンマリするのもあるかもしれません。

しかし、主な目的はそのアポの手帳を眺めながら、

「木曜の午後は、A社のプレゼンのリハーサルにしようかな」

「今週は残業が少なそうだから、ジムに通う日を決めてしまおう」

というように、手帳を見てスケジュール、段取りを考えるようになります。

これは、イコール「時間意識の高まり」といっていいのです。

一方、住所録などはデジタルで管理しています。

人のアドレスや名前を日に何度も見直したところで、あまり多くのアイディアは生まれないでしょう。ですから持ち歩く必要はないのです。

時間意識のない人は、決して日に何回も「手帳を見る」ことはしません。

くり返し眺めて手帳をチェックしていくことによって、あなたは時間活用のプロになれます。

昨年末、私はあるフランス製の手帳を目にしました。

この手帳は、私の持論である「1週間の単位で仕事を考えよ」が、形になっているのが特徴でした。

つまり、今日は11月2日といわずに、45週目の月曜日という形で考えるのです。

すると、TO DOリストは52枚ですみますし、やり残した仕事があっても1週間の間で帳尻を合わせることができ、メリットは多いのです。

先述しましたが、私は1日でなく「1週間」のTO DOリストをつくれといっています。

この手帳を販売している会社の方の話では、日、週、月、年単位に加えて、サブジェクト毎にもＴＯ ＤＯリストをつくっているそうです。まあ、さすがに手帳の会社です。しかし、多すぎるために、ＴＯ ＤＯリスト作成に時間がかかりすぎる傾向もあるようですので、シンプルイズベストといえましょう。

アメリカ経済の行き詰まりから、ヨーロッパ流が見直される時期ではないでしょうか。その点で、「1年を52週」という単位でとらえる考え方はとり入れるに値します。

いずれにしても、従来と異なるやり方にトライしてみることで、あなたの時間意識は嫌でも高まりますよ。

7章

タイム・イズ・ライフ、
すべては時間活用に通じる

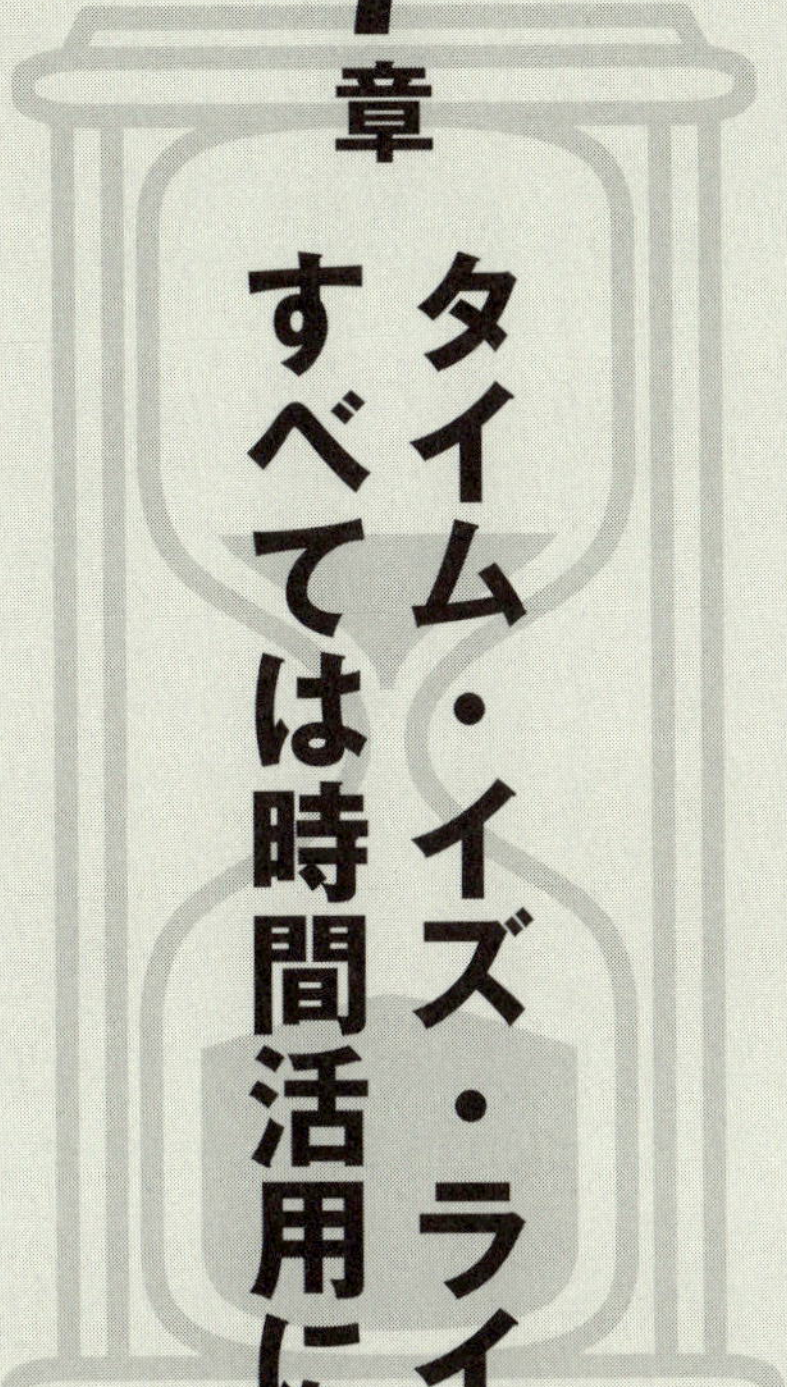

SECTION 1

タイムマネジメントは先読み力がものをいう

先述のように、スケジュール作成にあたっては、上司のスケジュールや、全社的なイベントを抜きに考えてはいけません。

あなた1人で「これでよし」と思っても、上司から「急ぎだから頼むよ」のひと言で、すべてがナシ、ということもあり得るからでしたね。

なので、正攻法としては**上司やイベントとも含めてスケジュールをつくる**ということになります。

ただし、これは〝初心者〟のうちです。

もしもあなたが「プロ」「セミプロ」クラスになって、タイムマネジメントを実践し続けたとしましょう。すると、スケジューリングも、あまりあれこれと頭で考えるようなものではなくなっていきます。

〝先を読む〟だけの力がついてくるのは、他の仕事の分野とまったく同じことがいえます。

どうなるのかというと
「来週は部長がスケジュール埋まっていたよな。じゃあ、重要な案件はさ来週か、今週に集中させよう」

と、パッと直観的にわかるようになってきます。

そして、考えなくても、自然にその直観が反映されたスケジュールをつくるようになっていくものです。

私は、過去に空手をやっていたので、「40の手習いかな」と思いながら、40歳でフルコンタクトの空手をスタートさせました。

空手の稽古そのものは、昔に比べて楽でした。

冬は凍りつくような寒さ、堅い木の床、夏は地獄の暑さ。稽古が3、4時間続くことはザラ、防具ナシで叩き合う……。

これが昔の私が通っていた道場です。

また、私は生意気に見られて、よく先輩から「あいつをやっつけろ！」などと嫌われていましたから、それはもう、すさまじかったです。

ところが、冷暖房完備、トレーニングは短い、床はマットレス、先生方はやさしい……。

今はこうなりましたので、とても体には楽でした。防具もつけるし、休憩中はＢＧＭまで流れていましたから。

もしも私に昔の体力があったなら、大会で入賞くらいはできました。

なぜなら、私はキャリアを積んだので、「相手がどのように攻めてくるのか」が、くる前にわかるからです。「次は左の上段回し蹴りだな」というのが、事前にピンとくるのです。なので、体力があったらかわせますし、先に攻めることもできます。

ところが、私はメタボの予防から、ボクシングでいえば一気に4階級位のダイエットをしていて、パワーがありません。

特に高校生くらいのパワーでガンガン攻めてこられると、「技がこうくる」とわかっていても、当たってしまうことがあるのです。ということで、今はフルコンタクトは〝観戦〞する側に回りました。

閑話休題。

といっても〝脱線〞したわけではなくて、空手の話はスケジュールにも通じます。

引退、ではなくて、その前の部分、**キャリアを積むと「先読み」の力がついてくる**ということです。

「今の部内の忙しさだと、ここはイベントに振り回されそう」

「取引先の都合で、10日過ぎはバタバタする、上司はこの辺で頼んでくる」

といった〝先〞がはっきり見えてくるようになってきます。

そのためには、仕事のキャリアを積むわけですが、むしろ「上司の割り込み」の仕事や、イベントに振り回される、というような失敗を重ねた人のほうが、〝カン〞は鋭くなるものでしょう。

どんどん、タイムマネジメントは〝失敗〞しましょう。やがてそれは、あなたの先読み力となってくれるのですから。

SECTION 2

一日一生、集中力を高めよ

究極のタイムマネジメント術というのは、「意識を変えること」にあります。

「人生80年だから、のんびりいこう」

「1日は24時間あるから、そのうちやればいいや」

といった安易な考え方をガラリと変えていかねばなりません。

そのためには「集中力」を高めることが欠かせません。

そうしないと、ダラダラ残業のように、「夜の8時までに帳尻を合わせたらいい」「のんびりやって、残業で間に合えばいい」ということにもなりかねません。

私はいつも
一日一生
一日がひとつの完成

という信念のもとに、タイムマネジメントに取り組んでいます。

現実には、暦の上には〝明日〟はあります。

しかし、明日と思えるその日は、起きてみたらいつも「今日」なのです。私たちが、実践して、行動して、味わっていけるリアルな時というのは「今日」しかないのです。

だから、一日一生というのです。今日しか、私たちにはないのですから。

それなら、ダラダラとしている暇などないでしょう。


しかも、150億年という宇宙の歴史の中で、あなたがあなたとして体験できる時というは、この人生「一回」です。あとはこの先、何百億年たとうとも、もうないのです。

そこまで考えて、やはり人生二度ないので「一日一生」の意味は増していきます。

研修の「人の話をよく聴きましょう」という項目の前で、私はいつも実習を入れています。

何の脈絡もなしに、突然パッと次のようなことを口にします。

「皆さん、私は、9万6483個のギャグを聞いたり見たりするのが、大好きです」

そのあとで「さて、今何といったでしょう?」と尋ねます。

どうなると思いますか?

100回に1回くらいしか、完全に覚えていた人に出会えません。

まず数字があやふや、文も「ギャグを見ること?」「え? 聞いたり、しゃべったり?」と、はっきりとはキャッチできないのです。


そして、こういうこともよくあります。

「山本さん、今何といったでしょう?」

「えーと、数字は6万ナントカで、ギャグを聞いたりするのが大好きです、かな?」

「田中さんは?」

「エッ……あの……何ですか?」

つまり、この質問そのものも聞いていないのです。集中せず、おそらく他のことでも考えていたのでしょう。

研修の中でさえこの状態です。

はたして、仕事の最中に「本気で集中」している人は、本当に多くいるのでしょうか?

私は考えてしまいます。

仕事の成果をあげていくために、タイムマネジメントを上手に行なうために、多くのスキルは、いらないのではないか？

一日一生と思い、集中して生きること——これだけでいいのではないかとさえ、私は思ってしまいます。

もっと、集中して、仕事しましょう。

SECTION 3

楽しんですごしているか？

「ワーク・ライフ・バランス」といわれて久しいですね。

あなたは、「人生」を楽しんでいますか？　つい最近、セミナーの受講者にインドからやって来たＩＴのプロ、ラーマナータンさんがいました。日本語は自由に使いこなせます。

私は、基本的にセミナーの参加者にはすべて同じように対応しますので、普通に指名質問したり、グループワークもまったく同じように参加してもらいました。

このあたりは、外国人に限らず、参加者に耳が不自由な方などが入っていても、まったく同じです。

このところ、あらゆる参加者に門戸が開かれているのがセミナー界の現状であり、この辺にもしっかり対処できるのがプロです。

さて、セミナー終了後に私は彼に尋ねました。

セミナーはネゴシエーションがテーマでしたが、「ネゴシエーションのスキルが身につきましたか」とは私は尋ねませんでした。

私は、彼にこういったのでした。

「今日は楽しめましたか？」と。

私の好きな孔子のことばで、学問について次のように語ったものがあります。

是を知る者は是を好む者に如《し》かず
是を好む者は是を楽しむ者に如《し》かず

というものです。

知識だけのスキルを学んでいくよりも、「好き」で取り組む人のほうが〝強い〟のです。しかしただ「好き」ではなくて、さらに、「楽しむ」という境地にまで至れば、その人の学問は〝本物〟となります。

なので私は、タイムマネジメントのセミナーに限らず、いつもあいさつ代わりに受講者にいうのです。

「今日は楽しめましたか？」と。

どんなに頭を使って苦しんで、グループワークでアイディアを出すのに〝難産〟したとしても、その後に「楽しかったな」と思えたなら、その時間は「生き」てくるのです。そして、本当に充実して「生きた」時間をすごすということは、人生そのものを「生きた」ことになるのです。

仕事の効率化、タイムマネジメントも、とどのつまりは「楽しんですごせるか」にあるのです。

これは、仕事でもプライベートでもまったく同じではありませんか。

ワインを飲んで友人と語らうのも、ハードなスケジュールをこなして仕事の充実感を味わうことも、彼女とのデートも、取引先との商談も本来区別はありません。すべては人生の一コマであって、この一コマを「楽しめる」人は、いい人生をすごせる人なのです。

あらためて、タイム・イズ・ライフ、と心にとめておきましょう。

SECTION 4

志のある人生を

学は立志より要なるはなし

――佐藤一斎

私の座右の銘のひとつです。

「立志」というのは、今はもう死語なのかもしれません。また、タイムマネジメントともっとも相入れないように思われるかもしれません。しかし、〝立志〟という東洋哲学とタイムマネジメントはぴたりと合うなと思うのです。

これは始めに説いた「人生目標」に近いのですが、タイムマネジメントは「何のために」するのかということを再び考えてみてください。最終的な答えなら、それは「志」をもって、その実現のために、ということになってきます。

坂本竜馬も、「蝦夷地に国を建てる」という雄大な〝志〟をもっていました。

私は20年くらい前に、志の定義を説いたことがあります。

①無私であること
②長期に渡るもの

というのが、志の定義として当時私があげたものです。

今ここに加えるとしたら、前項で述べた「楽しむ」ことがあります。

さらにいえば、ただ楽しむのではなくて、その志のことを思うと、ワクワクして、心が踊って、いてもたってもいられなくなるようなモノ、ということがあげられます。

③志のことを考えると胸が熱くなり、やる気が腹の底から湧いてくる

というものになります。

「価値観にあった」人生目標よりも、もっと強烈で、魂をゆさぶるようなものが志です。

もしもあなたに志があったなら、実は、小手先の段取り術とか、効率化なんてどうでもいいこと（失礼！）なんですよ。

なぜって、志とは、その実現のために人生のすべてを賭けて悔いのない、それだけの価値のあるものなのですから。

志は、「イコール人生そのもの」なんです。

その人から志を引いてしまったら、何にも残らなくなる――それが志です。

「何のために」というのは、そこにまだ「私」が入っています。私の評判をよくするとか、私の時間をつくるとか、私の財産とか友人とか……。まだそれは人生目標のレベルです。

先述しましたように、「志」には小さな「私」はありません。

あえて何のためにといえば、「私」ではなくて「世のため、人のため」というようにいえましょうか。

私はたまたま、この本を出している出版社から「アガリ症」の本を5年前に出しました。おかげさまで版を重ねて、今では他社から文庫化もされ、多くの人に読まれていく〝良本〟になっています。


本を書くというのは私のライフワークでもあります。

「アガリ症」の編集担当の方は今は転職されたのですが、当時約束したことがありました。

それは
「Kさん、10年経ってもしっかり読みつがれていくいい本を出しましょう！」

ということです。

「売れたら勝ち、売れればいい」

というのが優先され、一般の消耗品のように本が〝乱造〟されていく状況に、編集のK氏と私は強い危機感をもったのです。

よい本を出し、少しでも世の中をよくしていこうという青年のような〝志〟が、私と彼にはありました。

そして、その願いは叶い、多くの人に読みつがれていくよい本、流行に流されない本が世に出たのでした。

再び、担当は変わりましたが、そんな私の志に応えてくれる方が現われ、私の本が同じ出版社から出るのは本当に嬉しい限りです。

たまたま私の本の話になってしまいましたが、〝志〟こそ、何よりも先に立つものでしょう。

志があってこそ、すべてのタイムマネジメントのスキルが生きるのです。

また逆に、志があればこそ、時間をムダにしない工夫もできるのです。

なぜなら、志の実現のためにはどうしても、「時間」が必要だからです。

志のために時間を確保するのです。そのためのタイムマネジメントなのです。

おわりに　タイム・イズ・ライフ――人生の質を高めよ

時間を効率的に使うこと、短時間で仕事をすること、段取り、スケジューリング、優先順位など……私はタイムマネジメントに関して、ここ6、7年、100回以上の研修を毎年こなしてきました。

しかし、中には「速く仕事をする」「効率化」のみを目的にする方もいて、私は反省しました。

「もっとも大切な、根本的なことを、もしかしたら自分は伝え切っていなかったのではないか」と感じたのです。

多くの場合、

仕事を効率的にする

↓

時間が浮く
←
仕事を入れる
←
ますます忙しくなる

という魔のサイクルに入ってしまい、何のために効率化していったのか、むしろ何もしなかったほうがマシ、自分の時間が持てた、などということになりかねないのです。

また、いたずらに〝競争〟が始まっていって、6時起床が5時となり4時、3時、2時……と、いつの間にか「早朝2時起き」などという、「多くのビジネスパーソンにはムリ」なところまでエスカレートしてしまう現状もあります。

これは「早起き」という〝朝〟ではないでしょう。

私ならギャグにして「前の日に起きましょう」といいますね。ムリなんですから。

この場合、何がいけないのか？

根本にあるのは「何のために」タイムマネジメントするのかという目的です。類書とははっきりと差別化するために、私はこれを本書の始めにもってきました。

そして、本書のしめ、まとめとして、「志」という無私で長期的にわたる「人生」そのものの目的にまで少々触れてみました。

もともと哲学好きな青年であった私は、人生の目的を求めて、インドにまでブラリと出かけていった人間です。

その結果得たのは**人生は〝志〟であり、人生を楽しむこと**でした。

タイム・イズ・マネーではないのです。

タイム・イズ・ライフ、時間は人生そのものと気づいた時に、いたずらにスピードだけを上げていく効率化、他と競うようなムダなタイムマネジメント術から、自由になれるのです。

タイム・イズ・ライフとあなたがパッと気づいた時、ただの意味のない効率化の罠から逃れて、あなたは志に生き、楽しく一瞬一瞬を味わえるようになりますよ。

著者略歴

松本幸夫（まつもと ゆきお）

人材育成コンサルタント。

1958年、東京都生まれ。「最短でできる人をつくる」研修のプロとして、20年間にわたり最前線を走り続けている。マスコミや流通、通信、製薬、保険、電気、金融、食品といった業界で指導を行ない、営業をはじめ企画、会計、事務、対面接客、研究者といったあらゆるプロを育成することに定評がある。年間220回の研修、講演活動を行ない、そのリピート率は92%を超える人気ぶり。NHKなどのテレビ出演も精力的にこなす。「基本を押さえれば、誰でも成功者になれる」をモットーとし、「とにかく短時間で仕事をするコツ」から「夢を叶える時間術」「必ず勝つ交渉術」などを公開している。「明日、何をやればいいか」という具体的な方法論にまで落とし込んだアドバイスに高評価を得ている。

主な著書に『仕事は水曜日までに終わらせなさい』（PHP研究所）、『仕事が10倍速くなるすごい！法』（三笠書房）、『いちばん効率的に仕事を進める！技術』（すばる舎）、『アガリ症を7日間で克服する本』『話ベタを7日間で克服する本』（同文舘出版）など。

1日を2倍に使う！　すごい時間術

平成21年2月12日　初版発行

著　者 —— 松本幸夫
発行者 —— 中島治久

発行所 —— 同文舘出版株式会社
東京都千代田区神田神保町1-41　〒101-0051
電話　営業03（3294）1801　編集03（3294）1803
振替00100-8-42935　http://www.dobunkan.co.jp

ISBN978-4-495-58251-7
印刷／製本：萩原印刷　Printed in Japan 2009